MAKE *your* OWN

VAN JE EIGEN TRUI TOT JE EIGEN BIER

SNOR

VOORWOORD

Zou jij kunnen overleven op een onbewoond eiland? Weet jij hoe je een kip moet slachten? Weet je wat je allemaal kunt doen met wol van een schaap? Met melk van een geit? Kun je zelf kaas maken? Olie persen? Boter maken? Nee? Wij een tijdje geleden ook niet. En dat vonden we op een gegeven moment best stom. Zonder na te denken, kochten we vanalles in de winkel op de hoek, maar hoe een spruitje groeit? Of lang het duurt om van graan meel te malen? Geen idee. Dat is toch best gek. Dat je je omringt met spullen waarvan je de herkomst niet weet, en niet weet wat er allemaal mee gebeurt voordat het in jouw huis of mond belandt.

Dat zette ons aan het denken. Zouden we niet moeten proberen meer dingen zelf te maken? We dachten aan één van onze eerste boeken: 'Fred en Wilma in de Vinexwijk', waarin we mensen aanspoorden zelfvoorzienend te leven, en 'Zelfingemaakt' en 'Zelfgeboerd' waarin we voor zoveel mogelijk oogst uit eigen tuin probeerden te zorgen om daarmee lekkere dingen te maken. We wisten dus al hoe leuk het is om je eigen jam te maken en eigen likeur. Dus waarom niet zelf kaas maken? Man, wat waren we trots toen we het eerste stukje proefden. Niet omdat het heel lekker was of zo, maar het smaakte naar káás! Helemaal zelf gebrouwen!

Vandaaruit begon onze ontdekkingstocht; worst maken, olie persen, wol spinnen. Er is zoveel dat je zelf kunt maken. En het is zo verschrikkelijk leuk om te doen! En bovendien, wat blijkt: als je dingen zelf maakt, heb je veel meer waardering voor hetgeen je koopt. Je leven wordt er zoveel rijker en leuker van! Dus, hup aan de slag! Met een beetje geduld, de juiste spullen én de juiste uitleg zit jij strakjes met je eigen wijn een stukje van je zelfgemaakte worst te eten in je zelfgebreide trui. En geniet je zoveel meer van alles wat ziet en proeft. Veel succes!

Annemarieke en Claudette

In dit boek vind je allerlei tips en technieken om dingen zelf te maken. Maar we zijn alles behalve uitputtend geweest. Er is zoveel dat je zelf kunt maken! Je kunt het zo gek niet bedenken of er is op internet iets over te vinden. Kijk en leer!

INHOUD

①

MAKE YOUR OWN P. 6

②

DE BASICS P. 12

DE EERSTE STAPPEN:

- grond en grondsoorten   13
- mest   14
- watergeven   15
- wieden en schoffelen   17
- ongewenste dieren   18
- gewenste dieren   21
- biologisch tuinieren   25
- snoeien   26
- schoonmaken   30
- tuingereedschap   32

HET ECHTE WERK:

- de moestuin aanleggen   37
- wisselteelt   38
- groente   40
- sla   41
- courgettes en pompoenen   41
- rabarber   42
- tomaten   43
- kruiden   44
- mosterdplant   45
- fruit   46

- vijgen   47
- appels   47
- druiven   49
- peren   51
- pruimen   51
- aardbeien   51
- graan   61

MAKE YOUR OWN

- rabarbercello   42
- ketchup   43
- kruidenolie   44
- mosterd   45
- appelsap   48
- wijn   49
- meel   63
- brood   64
- bier   66

TECHNIEKEN

- jam   54
- likeur   56
- pesto   59

INHOUD

DIEREN P. 71

- welk dier levert wat   72
- kippen   74
- varken   83
- schaap   89

MAKE YOUR OWN
- mayonaise   78
- kip slachten   80
- worst   85

- schapen scheren   92
- wol spinnen   95
- breien   100
- trui breien   102
- geit melken   108
- geitenkaas   110
- boter   112
- yoghurt   114
- honing   121

HUISVLIJT P. 125

MAKE YOUR OWN
- weefraam   128
- stof   129
- walnotenolie   130
- kaarsen   132
- vilt   134

DANK EN COLOFON P. 136

MAKE YOUR OWN

Op festivals draaien mannen met baarden worsten en verkopen meisjes met paarse haren zelfgebrouwen bier. Op hippe marktjes herleven oude ambachten zoals textiel bewerken en manden vlechten. Stadsmensen die nog nooit een koe van dichtbij hebben gezien, beginnen een moestuin en gaan kippen houden, zodat ze in hun eigen voedsel kunnen voorzien. Er is zelfs sprake een slow food beweging, een wereldwijd actief netwerk van mensen die hun eigen producten maken, en daarbij oog hebben voor kwaliteit en biodiversiteit.

Het is een reactie op de overvolle supermarkten, met producten waarvan helemaal niet duidelijk is wat er allemaal inzit. Gehakt bevat kleurstoffen om er roder uit te zien, kaas om er geler uit te zien. En dan zijn er al die toegevoegde suikers. Zelfs aan sommige groene thee wordt suiker toegevoegd. Producenten knoeien met eten. En zoals je als kleuter al leert, als er geknoeid wordt, kun je het beter zelf doen. Dus verbouwen steeds meer mensen hun eigen voedsel, en maken hun eigen producten.

WAANZIN

Makkelijk is het zeker niet om je eigen spullen te produceren. Je eigen kaas maken is waanzin als je het vanuit een pragmatisch perspectief bekijkt. Je hebt stremsel nodig, dat je niet bij de supermarkt kunt kopen, en zelfs niet bij de meeste biologische winkels (maar natuurlijk wel via internet), je moet heel precies bij de juiste temperatuur werken en het duurt lang voordat je een klein miezerig kaasje hebt, dat je vervolgens weken of maanden moet laten liggen.

De kans is groot dat er veelkleurige schimmels op je kaas verschijnen, die je er voorzichtig af moet snijden. En dan komen er weer andere schimmels die je er weer af moet snijden. Net zolang tot je bijna geen kaas meer over hebt. Er zijn wat hobbels die je moet nemen voor je eerste eigen kaasje. Belachelijke hobbels, als je je bedenkt dat je om de hoek een groot stuk kunt kopen voor een paar euro. Je lijkt wel gek.

Maar je bent het niet! Tijdens het maken van je eerste eigen kaasje gebeurt er iets wonderlijks onder je hersenpan. Als je een liter volle melk verwarmt tot 29 graden - omdat dat moet als je kaas gaat maken - krijg je bewondering voor een boerenbedrijf. Voor een boer die precies weet hoe hij van een emmer verse melk, boter, slagroom, kwark, yoghurt, karnemelk, wei, zure room, roomkaas, jonge kaas en oude kaas kan maken.

Als je de kaas met de hand perst, hem bij het rijpen onderzoekt op schimmel of hem schoonboent, slaat de bewondering om in ontzag voor de ambachtsman die dagelijks de kaas schoonboent. En er ontstaat begrip voor de pragmatische kaasmaker die gele kleurstof door de kaas mengt en er schimmelwerende lak op smeert.

AVONTURENPARK

Als je na een paar weken je eerste stukje van de kaas proeft en verbaasd vaststelt dat dit stukje écht naar kaas smaakt, is je wereld veranderd. De zuivelafdeling van de supermarkt tot één groot avonturenpark geworden. Je bestudeert de verpakking van schimmelkaasjes zorgvuldig. Wat stoppen fabrikanten erin? Met een kennersoog bestudeer je een Gouds kaasje. Eigenlijk zou je handschoentjes aan willen trekken, uit ontzag voor een stuk oude kaas dat een jaar lang heeft liggen rijpen. Die durf je bijna niet meer op te eten. Als je eenmaal weet hoe je een product moet maken, heeft het een totaal andere waarde gekregen, ook als het kant en klaar in de supermarkt ligt.
Niet alleen als je je eigen kaas maakt verandert je wereldbeeld. Maak een keer je eigen ketchup en een fles ketchup is nooit meer zomaar een fles ketchup. Maak eens je eigen mayonaise en loop dan langs de potjes mayo in de winkel.

ONGEZOND

Je krijgt gevoel voor technieken die gedurende honderden jaren verfijnd zijn. Je krijgt begrip en bewondering voor nieuwe productietechnieken en ingrediënten. Sommige innovaties zijn fantastisch en slim, andere zijn pragmatisch en ongezond. Je kunt producten van anderen beter beoordelen en zo heel bewust je boodschappen doen.

Dus als je de tijd ervoor hebt: maak dan zoveel mogelijk zelf. Als je weet wat je gemaakt hebt, dat je de beste ingrediënten gebruikt, dat je geen rare stofjes hebt toegevoegd om de producten langer te kunnen bewaren of om ze zoeter te maken, als je het hele proces hebt meegemaakt, dan alleen al smaakt je zelfgemaakte product beter.

MOES

10

de TUIN

Het lijkt wel magie: je stopt een zaadje in de grond en een paar maanden later slurp je van je eigen pompoensoep. Een appelboompje in de grond en vanaf september sta je je eigen appelsap te maken. Hoe? Lees er hier alles over.

In dit hoofdstuk vind je alles over:

DE EERSTE STAPPEN:

- grond en grondsoorten   13
- mest   14
- watergeven   15
- wieden en schoffelen   17
- ongewenste dieren   18
- gewenste dieren   21
- biologisch tuinieren   25
- snoeien   26
- schoonmaken   30
- tuingereedschap   32

HET ECHTE WERK:
DE MOESTUIN AANLEGGEN

- wisselteelt   38
- groente   40
- sla   41
- courgettes en pompoenen   41
- rabarber   42
- tomaten   43
- kruiden   44
- mosterdplant   45
- fruit   46

- vijgen   47
- appels   47
- druiven   49
- peren   51
- pruimen   51
- aardbeien   51
- graan   61

MAKE YOUR OWN

- rabarbercello   42
- ketchup   43
- kruidenolie   44
- mosterd   45
- appelsap   48
- wijn   49
- meel   63
- brood   64
- bier   66

TECHNIEKEN

- jam   54
- likeur   56
- pesto   59

DE BASICS

MISSCHIEN DAT JE HET INMIDDELS WEL WEET, MAAR JE HOEFT ECHT GEEN GROTE TUIN TE HEBBEN OM JE EIGEN OOGST TE KUNNEN ETEN EN ER ALLERLEI LEKKERS VAN TE MAKEN. OP EEN VIERKANTE METER KUN JE MET EEN BEETJE NADENKWERK AL GENOEG GROENTEN OOGSTEN OM HET HELE JAAR VAN TE ETEN. EN EEN VERTICALE TUIN GEEFT OOK LOEIVEEL OOGST.

Niet alleen zijn groenten uit de eigen tuin veel lekkerder en gezonder (want onbespoten en kakelvers), het tuinieren zelf is ook nog eens veel gezonder dan in de winkel boodschappen doen. Zo blijkt uit allerlei onderzoek dat het werken in de tuin zorgt voor minder stress. Je beweegt lekker in de buitenlucht. Daarnaast zorgt de kleur groen alleen al voor stress-reductie. Dan hoeven je groenten nog niet eens te lukken! Als je kinderen hebt, is het daarnaast ook heel leerzaam. 'Hé, spruitjes groeien aan een stam en worden niet in een fabriek gemaakt!'.

Alle reden dus om je te buigen over de moestuin. Begin met in kaart te brengen hoe groot je moestuin wordt. En geef je daarna over aan dagdromen. Wat wil je allemaal kunnen oogsten? Enorme ladingen druiven om je eigen wijn mee te maken? Hop en gerst voor je eigen bier? Appels en peren voor jam? Tomaten en pepers? Bekijk je tuin eens met de ogen van een aardbeienplantje. Waar zou je het liefst willen staan? En wat zou er op het schaduwrijke plekje kunnen groeien? Laat je niet beperken door vierkante meters; er zijn heel veel groenten die juist heel graag tegen een muur of heg aan klimmen. Of maak een verticale tuin met lege PET-flessen. Er zijn echt veel mogelijkheden.

Groene vingers hoef je niet te hebben voor een beetje opbrengst uit je tuin. Maar het is wel handig als je íets weet van tuinieren. Daarom de beginselen één voor één.

GROND

Bijna iedere plant houdt van goede grond. Maar de één wil vette klei rond z'n wortels en de ander juist losse zandkorreltjes om optimaal te kunnen groeien. In de meeste tuinen ligt leem, zand of klei. Elk type grond heeft zo zijn eigen voor- en nadelen, het gaat erom dat je weet welke grond jij hebt en welke planten daar wat mee kunnen.

GRONDSOORTEN

KLEI

Kleigrond herken je aan de gladheid en plakkerigheid. Je kunt er bolletjes van draaien net als van gewone knutselklei. Het is de meest vruchtbare van alle grondsoorten, maar dat wil niet zeggen dat het een makkelijke grond is om te bewerken. Klei houdt veel vocht vast. De grond warmt niet snel op in het voorjaar en opgedroogde klei is keihard met scheuren.

ZANDGROND

Zandgrond voelt heel ruw aan en er kunnen klontjes en of grind in zitten. Deze grond heeft veel compost nodig om een goede bodemstructuur te krijgen. Zandgrond heeft flink wat voordelen ten opzichte van kleigrond: het warmt snel op in het voorjaar (en dat is lekker voor de plantjes), de grond is makkelijk te bewerken en het laat het water snel zakken. Nadelen zijn er ook: de grond droogt snel uit en de voedingstoffen worden door de regen zo weggespoeld. Staan je groenten op zandgrond dan zul je regelmatig moeten bemesten en bewateren.

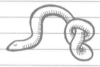

LEEM

Deze grondsoort combineert de eigenschappen van zand, slib en klei. Voor de meeste planten is een leemgrond ideaal, omdat hij genoeg zand heeft om water door te laten en lucht binnen te laten maar ook genoeg klei om voedingstoffen en vocht vast te houden.

Je kunt de grond in je tuin oppiepen door er bijvoorbeeld verteerde plantenresten (compost) doorheen te spitten, zodat de structuur en de zuurstofwaarde van je grond verbetert

T!P Laat de afgevallen herfstbladeren liggen (behalve op een grasveldje). Koop compostmaker bij het tuincentrum en strooi die eroverheen. Speciale bacteriën zetten de bladeren snel om in humus en dat is heel waardevolle compost voor iedere grondsoort!

VOEDINGSWAARDE

Voor de voedingswaarde van de grond zijn een paar stoffen belangrijk: stikstof, fosfor en kalium. Ontbreekt één van deze elementen dan kun je dat onmiddellijk aan de planten zien.

STIKSTOF-TEKORT:
de planten hebben gele bladeren. Stikstof zorgt namelijk voor de groene kleur van je planten.

FOSFOR-TEKORT:
donkergroen blad, met rood verkleurde stengels en bladeren. Fosfor is belangrijk omdat het ervoor zorgt dat de wortels goed kunnen groeien, dat de planten bestand zijn tegen ziekten en dat ze vruchten en bladeren vormen.

KALIUM-TEKORT:
de bladeren zijn bruin aan de zijkanten. Kalium zorgt voor de weerstand van planten.

ZUURGRAAD

Naast structuur en voedingswaarde is de zuurgraad ook belangrijk voor je grond. Sommige planten houden van een zure grond, weer andere juist van een kalkrijke grond.

T!P

Wil je weten of jouw tuingrond zuur- of kalkrijk is, neem dan een zakje tuingrond mee naar het tuincentrum. Daar kunnen ze de grond voor je testen.

MEST

Er zijn twee soorten mest: organische en anorganische (kunstmest). Kunstmest is milieubelastender, maar werkt weer sneller. Organische mest verbetert daarentegen weer de structuur van de grond. Op de lange termijn dus beter voor je tuin en voor de aarde.

MESTKORRELS

Heb je geen zin in stinkende shit in je tuin, kies dan voor mestkorrels. Mestkorrels zijn gecoate korrels die de voedingsstoffen gedoseerd afgeven.

WANNEER MESTEN?

Je kunt het beste in het vroege voorjaar mesten, als het overdag niet meer vriest. Eind februari, begin maart nemen de wortels de voeding optimaal op.

COMPOSTEREN

Tijdens al dat wieden, schoffelen en verplanten verzamel je heel wat afval uit je tuin. Dit kun je allemaal laten composteren. Composteren is een rottingsproces waarbij bacteriën, schimmels en andere bodemorganismen groente-, fruit- en tuinafval (GFT) omzetten in compost. En die homemade compost is weer een weldaad voor de grond. Eens per jaar anderhalve centimeter compost over de tuin verdelen en alles groeit als kool.

Van fruit- en tuinafval compost maken, doe je op een composthoop of in een compostvat. Zo'n composthoop kun je het beste achterin je tuin aanleggen (in verband met de niet altijd even lekkere lucht). Kies een plek in de schaduw, als het even kan onder een boom. Compost heeft namelijk wel vocht nodig, maar geen bakken water. Als het regent, houdt de boom een deel van het water tegen, maar laat ook voldoende water door voor een gezonde hoop. Om het composteringsproces iets te versnellen, kun je de hoop om de paar maanden even omzetten, oftewel, compleet ondersteboven scheppen.

WAT MAG ER WEL EN WAT ABSOLUUT NIET OP DE COMPOSTHOOP?

ALS BASISREGEL GELDT: ALS HET KAN ROTTEN, KAN HET COMPOSTEREN. EN DAT BETEKENT DAT DE MEESTE NATUURLIJKE MATERIALEN EN VAN OORSPRONG PLANTAARDIGE ETENSRESTEN ZO OP JE COMPOSTHOOP KUNNEN. ZORG ALLEEN WEL VOOR DE NODIGE TEGENSTELLING. DUS VOCHTIG EN DROOG MATERIAAL, SLAP EN STEVIG, GROF EN FIJN, STIKSTOFRIJK (GRAS, MEST, TUINAFVAL) EN KOOLSTOFRIJK (ZAAGSEL, SNOEIHOUT, STRO, BOOMBLADEREN). EN HEB JE VAN EEN BEPAALD SOORT AFVAL INEENS HEEL VEEL TEGELIJK, NA EEN DAGJE FANATIEK TUINIEREN BIJVOORBEELD, SCHEP DAN NIET ALLES IN EEN KEER OP DE HOOP, MAAR STEEDS MET TUSSENPOZEN EEN BEETJE.

WATERGEVEN

Je weet natuurlijk allang dat je de planten in je tuin af en toe water moet geven. Als de bladeren slaphangen en de grond is uitgedroogd ben je aan de late kant. Watergeven is echt niet zo moeilijk, en veel kan er niet misgaan. Je kunt hooguit te veel water geven. Hoeveel water je planten nodig hebben, hangt af van het klimaat, het weer, de grondsoort, of de planten in de schaduw of de zon staan. En of de plant van nature veel behoefte heeft aan water. Dagelijks water geven hoeft eigenlijk alleen maar hartje zomer, als het superwarm is. Water 's avonds laat, of 's ochtends vroeg als het nog niet super-heet is. Het is niet zo dat de bladeren verbranden, maar wel dat het water snel verdampt en je dus aan het gieten blijft.

T!P Laat overdag de gieter opwarmen in de zon. Door het warme water groeien de planten beter. Van koud water schrikken de wortels.

T!P Er zijn speciale gelkorrels en waterkristallen te koop waardoor potplanten minder vaak water nodig hebben. Cocopeat (speciale potgrond) en geranium-kuipplantenaarde houden het water langer vast dan gewone aarde. Breng flink wat strooisel van turf, schors of bladeren aan over de grond, dan verdampt het water in de grond minder snel.

WIEDEN + SCHOFFELEN

Je wilt natuurlijk dat alleen de plantjes groeien die jij hebt gezaaid. Daarom moet je wieden en schoffelen. Bij wieden trek je onkruid met wortel en al uit de grond; schoffelen is het losmaken van de grond tussen de gewassen.

IN POTTEN EN KISTJES

Bij het zien van je balkon of dakterras denk je waarschijnlijk niet aan een rijke oogst van zelfgekweekte groenten en fruit. Maar misschien moet je het gewoon eens doen. Want bijna al het eetbare dat groeit en bloeit, doet dat ook in een pot of in een fruitkistje.

Het idee is simpel: bevestig worteldoek aan de binnenkant van een fruitkistje, doe er grond in en eventueel wat mest en zaai de groenten die je lekker vindt. Zet de kist op een plek waarbij de omstandigheden ideaal zijn voor de groenten die je hebt gezaaid. Zo willen tomaten graag in de hele dag in het zonlicht staan, maar de aardappel daarentegen wil graag halfschaduw, dus maar 4 -6 zonuurtjes per dag. Geef af en toe wat water en wacht tot je kunt oogsten. Zo makkelijk? Ja, zo makkelijk. Het leuke van de fruitkistjes-methode is dat je in één fruitkistje verschillende groente soorten kwijt kunt. En dat ziet er ook nog eens heel leuk uit.

GROENTEN, FRUIT, KRUIDEN

Veel groenten en fruit kun je in bakken en potten kweken, als de planten of bomen maar voldoende voeding krijgen. Dat geldt niet voor kruiden, die hebben nauwelijks voeding nodig. Ook op dakterrassen en op balkons kun je dus van alles verbouwen.

Probeer de hele ruimte van je tuin, terras of balkon te benutten. Je kunt verhogingen bouwen en hang- en klimplanten tegen een muur laten groeien. Zelfs voor fruitbomen is plaats in een kleine tuin of op een dakterras of balkon. Er zijn speciale leifruitbomen die weinig ruimte innemen. Sommige fruitsoorten, zoals druiven en kiwi's, kun je tegen een muur of over een pergola laten groeien. In een pot op terras of balkon doen aardbeien het goed, net als witte en rode bessen en kruisbessen op stam. Ook een vijgenboom of een citrusboompje doet het prima in een pot. Zet de potten met groenten op een plek waar minimaal zes uur zon per dag is.

ONGEWENSTE DIEREN

Slakken en luizen, ze zijn waarschijnlijk niemands favoriet. Hoe onschuldig ze vaak lijken, ze kunnen wel degelijk voor overlast zorgen. Zelfs op het kleinste balkonnetje.

De beste manier om ongedierte op je planten te vermijden, is de planten op een goede plek te zetten. Heeft de plant het niet naar zijn zin, dan krijgt hij eerder last van ziektes en ongedierte dan wanneer hij op de goede plek staat. Het plantenkaartje vertelt je welke plek perfect is voor jouw plant. Overigens zorgen natte zomers voor meer ongedierte.

SLAKKEN

Er bestaan bestrijdingsmiddelen tegen slakken, maar goed voor het milieu (en voor je huisdieren en kinderen) zijn ze niet.

En het is ook een beetje zielig voor deze vriendelijke beestjes. De aardigste methode om slakken uit je tuin te verbannen is met behulp van een bakje met bier. Het enige wat je hoeft te doen is een ondiep schaaltje met bier in je tuin zetten, de slakken kruipen erin, et voilà, je hebt ze gevangen. Nu alleen nog ergens anders uitzetten en je bent klaar. Het is wel een kwestie van volhouden, deze methode, want ze blijven komen.

Een andere lekkernij voor slakken is kippenmeel. Heel goedkoop en slakken zijn er dol op. In plaats van bier kun je een paar hoopjes met kippenmeel neerleggen en gegarandeerd dat je de slakken de volgende ochtend daar vindt.

Rondom plantjes waarvan je echt niet wil dat de slakken eraan zitten, kun je stekelige spullen leggen waar ze liever niet overheen kruipen. Bijvoorbeeld een laagje kapotgestampte schelpen. Het tuincentrum verkoopt ook milieu- en huisdiervriendelijke middelen tegen slakken.

Nog beter dan slakken bestrijden is natuurlijk te zorgen dat slakken niet in je tuin komen. Zorg voor zo weinig mogelijk schuilplaatsen, dus geen hoog gras, en zo weinig mogelijk donkere vochtige hoekjes. Slakken hebben overigens ook een lange lijst van natuurlijke vijanden: vogels, egels, eenden, kippen, kikkers, padden en hooiwagens.

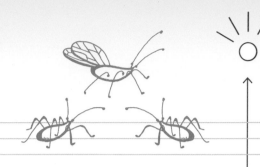

BLADLUIZEN

Je kunt met chemische en biologische bestrijdingsmiddelen in de weer gaan, maar milieuvriendelijk is dat niet. Daarbij helpt het ook niet echt. Samen met de luizen dood je ook andere diertjes, zoals het lieveheersbeestje. En laat die nou net een luizenbestrijder bij uitstek zijn. De luizen herstellen zich als eerste van de chemische aanval en zonder vijanden heb je direct een ware plaag. Niet doen dus. Beter is het de tuinslang of plantenspuit op de beestjes te zetten. Er bestaan ook biologische luizenbestrijders, te koop bij het tuincentrum.

MOLLEN

Je kunt mollen tijdelijk verjagen met geluid en geur. Leg bijvoorbeeld een verjaardagskaart waar een muziekje in zit in een van de gangen. Een beetje kaart speelt wel twee maanden lang zijn deuntje, zodat de mollen gillend gek worden. Er zijn ook elektrische trilapparaten te koop die mollen verjagen en er is een stinkend bolgewas waar mollen een hekel aan hebben: keizerskroon. Een lapje met een beetje petroleum in een van de gangen zorgt er ook voor dat de mollen het hazenpad kiezen. Zelfs een speelgoedwindmolentje kan helpen. Het enige nadeel is dat als de middelen zijn uitgewerkt, de mollen terugkomen. Wil je mollen echt tegenhouden, dan is er maar één effectief middel: graaf een 60 cm diepe sleuf rond je tuin (of serre of zaaibak), en leg er doornstruiken of vogelgaas in.

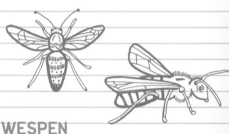

WESPEN

Vooral 's zomers kunnen wespen een ware plaag vormen. Een paar wespenvangers bij je terras zetten helpt vaak goed. Laat geen zoete dingen open en bloot buiten staan, bedek fruit en ruim gebruikte bordjes en glazen meteen op.

MIEREN

Voor mieren geldt eigenlijk hetzelfde als voor wespen. Ruim meteen al je zoetigheid op, dan heb je minder last van ze op je terrastafel. Goudsbloemen houden mieren ook op een afstand.

KATTEN

Kattenpoep in de tuin kan in principe geen kwaad. In je moestuin kan het wel gevaarlijk zijn, omdat er via kattenpoep ziektes overgedragen kunnen worden. Maar gevaarlijk of ongevaarlijk, smerig is het in elk geval. De meeste katten houden niet van citroenlucht, dus je zou kunnen overwegen een paar citroenplanten te zetten op de plaatsen waar ze regelmatig poepen. Andere trucjes: naar andere plekken lokken met lekkere planten, zoals kattenkruid (Nepeta), zorgen dat er geen stukken open grond in je tuin zijn, met emmers water gooien, een waterpistool gebruiken, koffieprut in de tuin, cacaodoppen strooien, hertshoornolie (te koop bij de drogist).

De reigerschrik is een apparaatje om reigers en katten weg te houden bij vijvers. Het werkt met een sensor: loopt er een kat langs dan wordt hij met een gerichte straal natgespoten. Er bestaat ook een speciaal middeltje: kattenschrik. Maar de geur van deze korreltjes is zo mogelijk nog erger dan de stank van kattenpis. Satéprikkers, duimenhoog geplant als een fakirbed, helpen altijd erg goed. Alleen is het niet zo'n fraai gezicht en gevaarlijk als er kinderen in de tuin spelen. Grofmazig gaas spannen over de grond kan ook helpen. De planten groeien erdoorheen, zodat je er niks meer van ziet. De katten blijven weg omdat ze het onprettig vinden om eroverheen te lopen en ze niet meer in de aarde kunnen krabben. Verder schijnt tijgerpoep te helpen. Je haalt het bij de dierentuin en legt het op een plaats waar veel katten hun behoefte doen. Alleen heeft niet elke dierentuin tijgerpoep. En het stinkt, hoewel na een tijdje de stank minder wordt. Voor mensen dan, voor katten blijft de stank ondraaglijk.

GEWENSTE DIEREN

Naast je eigen veestapel zijn er nog meer dieren wél gewoon welkom in je tuin.

VLINDERS

Vlinders zijn gek op bloemen waar veel nectar in zit. Ben jij gek op vlinders, dan kun je de beplanting aanpassen en je tuin volgooien met vlinderlokkers.

TOP TIEN VLINDERLOKKERS

1. VLINDERSTRUIK
2. TIJM EN MARJOLEIN
3. LAVENDEL
4. SLEUTELBLOEM
5. HERFSTASTER
6. BEEMDKROON
7. KONINGINNEKRUID
8. KLEINBLADIGE SERING
9. BOERENJASMIJN
10. HYSOP

Overigens kunnen vlinders pas vliegen als de zon schijnt en het minstens 15°C is.

EGELS

Ze zien er schattig uit en kunnen eigenlijk ook nauwelijks kwaad in je tuin. Sterker nog, ze eten slakken dus helpen je in je strijd. Je doet ze het meeste plezier door ze met rust te laten. Geef ze in elk geval geen melk, dat is heel slecht voor hun maag. In de winter houdt de egel een winterslaap. Het is zaak om hem dan ook te laten slapen en hem niet te storen. Is dat per ongeluk toch gebeurd, geef het dier dan wat te eten (kattenvoer bijvoorbeeld), zodat hij zijn verloren energie weer terugwint. Vind je in de winter een wakkere egel, breng hem dan naar de egelopvang. Je vindt een egelopvangcentrum meestal bij een vogelopvangcentrum. Bel naar de dichtstbijzijnde dierenambulance voor meer info.

VOGELS

Vogels in je tuin zijn niet alleen leuk, ze helpen je ook in je strijd tegen ongedierte. Je kunt vogels heel makkelijk naar je tuin lokken, door ervoor te zorgen dat ze er iets kunnen eten. Dat kunnen struiken met besjes zijn (bijvoorbeeld lijsterbes, sleedoorn, meidoorn, vuurdoorn, krentenboom en rozenbottels), maar je kunt natuurlijk ook gewoon vogelvoer in de supermarkt kopen. Komen er ook katten in je tuin, dan is een plateautje geen overbodige luxe. Vogels kunnen er wel op, maar katten niet. In principe is het niet nodig om

vogels in de winter bij
te voeren. Heeft het
hard gevroren en zijn
alle sloten, plassen
en vijvers bevroren, dan
doe je de vogels een groot
plezier door een kommetje met
water neer te zetten. Span er dan wel
gaas overheen om te voorkomen dat
de vogels een bad nemen (anders
bevriezen de natte veren). Heb je
nestkasten in je tuin hangen, maak
die dan in oktober goed schoon met
een warm sopje. Dit is namelijk een
broedplaats voor mijten en parasieten.
En in een vies kastje komen de vogels
niet meer broeden.

SPINNEN

Je denkt misschien dat je ze niet in de
tuin wilt, maar spinnen zijn ontzettend
nuttige beestjes. Ze ruimen luizen en
allerlei andere insecten op en maken
ook nog eens prachtige webben
tussen de takken.

REGENWORMEN

Dé regenworm bestaat eigenlijk niet.
Er zijn alleen in ons land al tientallen
soorten en wereldwijd zo'n 3000. In
Australië leeft zelfs een regenworm die
2 meter lang wordt! Ze mogen dan niet
moeders mooiste zijn, regenwormen
zijn wel heel nuttig. Ze ploegen de grond
door en zorgen zo voor de broodnodige
zuurstof. Bovendien eten ze verteerde
plantendelen en hun poep is dan ook
hele goede mest. Overigens is het niet
waar dat een doormidden gehakte
regenworm als twee regenwormen
verder leeft. Het is al mooi als alleen het
gedeelte met de kop verder kan leven.

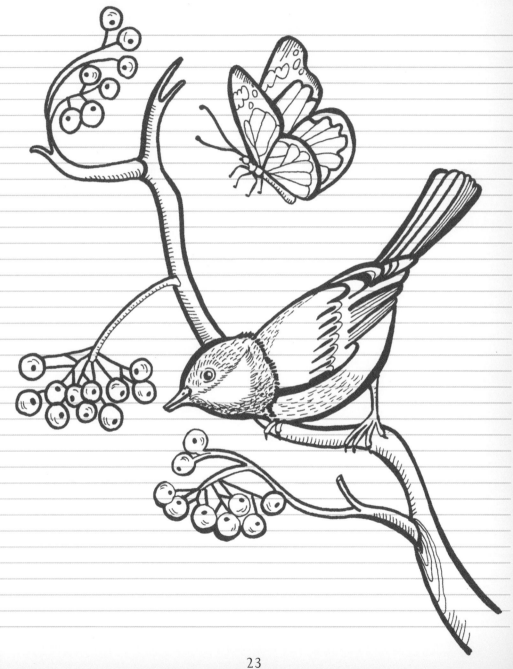

23

BIOLOGISCH TUINIEREN

Biologisch tuinieren is niets meer of minder dan tuinieren zonder kunstmest of verdelgingsmiddelen, waarbij je zoveel mogelijk rekening houdt met de natuur. Niks ingewikkelds aan. Als je bereid bent je een beetje te verdiepen in de werking van de natuur en in planten en dieren, eet jij volgende zomer biologische groenten uit je eigen tuin.

Hoe ga je nou ongedierte tegen als je geen bestrijdingsmiddelen wilt gebruiken? Als je gezonde planten hebt, komen er geen luizen in. Luizen vermijden knapperige, stevige bladen. Dus zorg ervoor dat je planten voldoende voedingsstoffen uit de grond kunnen halen door compost aan je grond toe te voegen. (zie pagina 13).

INSECTEN

Insecten zijn helemaal niet zo eng of vervelend. Elk schadelijk dier is tegelijkertijd ook nuttig. Zo zijn luizen voedsel voor lieveheersbeestjes; jonge mezen en larven worden door de gaasvlieg gegeten. Zelfs slakken hebben een nuttige taak: ze ruimen rottend afval en kleine dode dieren op.

COMBINATIETEELT

Eén van de principes van biologisch tuinieren is combinatieteelt. Je wisselt telkens gewassen af, zodat een stukje grond steeds begroeid is met andere groente. Zo plant je bijvoorbeeld het ene jaar aardappelen op een stukje waar je het volgend jaar sla plant. Reden hiervoor is dat de planten verschillende voedingsstoffen uit de grond halen, en via hun wortels verschillende stoffen afscheiden in de grond. Gebruik je planten afwisselend, dan raakt de aarde niet uitgeput. Je kunt natuurlijk in het wilde weg wat planten bij elkaar gooien en kijken wat het doet, maar handig is het als je weet wanneer welke gewassen klaar zijn om te oogsten. Je zet dan snelgroeiende planten bij planten die er langer over doen. Als je dan de snelstgroeiende groenten (zoals radijs en sla) oogst, is er daarna nog ruimte voor de andere planten om verder uit te groeien.

SNOEIEN

Je denkt misschien dat snoeien een werkje is voor de echte tuinier. Maar zo ingewikkeld is het nu ook weer niet. Snoeien is gewoon hetzelfde als knippen, maar dan met een grotere schaar. Snoeien doe je om een paar redenen: om een boom of struik in model te houden, om hem te verjongen en om ervoor te zorgen dat hij blijft bloeien en dus vruchten geven.

DE BASISREGEL VOOR SNOEIEN IS: ALLES DAT VÓÓR 21 JUNI (DE LANGSTE DAG) BLOEIT, SNOEI JE DIRECT NA DE BLOEI. BLOEIT DE BOOM OF STRUIK NA 21 JUNI, DAN SNOEI JE VROEG IN HET VOORJAAR.

ALGEMENE SNOEIREGELS

- Gebruik scherp gereedschap. Slecht gereedschap kan de plant verwonden

- Snoei nooit bij vorst. Veel te koud, ook voor de plant

- Maak de snoeiwonden zo klein en glad mogelijk. Dan hoeft de boom of struik minder energie te steken in het helingsproces en kan hij zijn energie voor iets anders gebruiken, bijvoorbeeld de bloei.

T!P Dek grote snoeiwonden af met wondafdekmiddel, te koop bij het tuincentrum.

STAPPENPLAN SNOEIEN

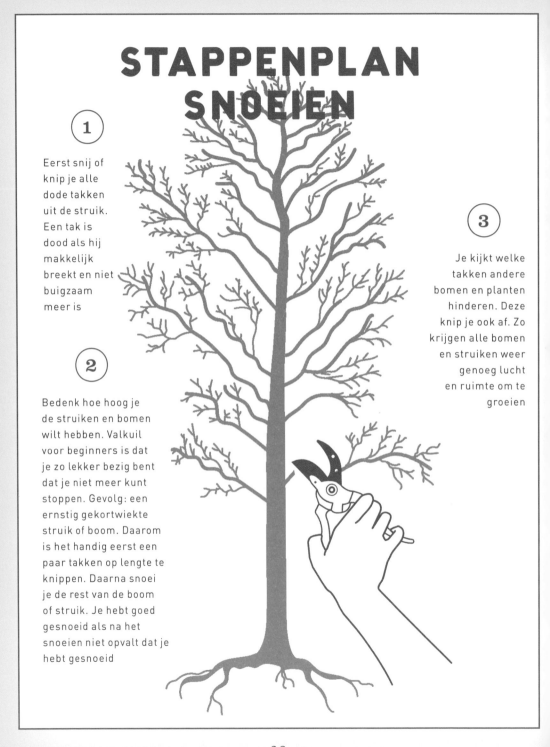

1

Eerst snij of knip je alle dode takken uit de struik. Een tak is dood als hij makkelijk breekt en niet buigzaam meer is

2

Bedenk hoe hoog je de struiken en bomen wilt hebben. Valkuil voor beginners is dat je zo lekker bezig bent dat je niet meer kunt stoppen. Gevolg: een ernstig gekortwiekte struik of boom. Daarom is het handig eerst een paar takken op lengte te knippen. Daarna snoei je de rest van de boom of struik. Je hebt goed gesnoeid als na het snoeien niet opvalt dat je hebt gesnoeid

3

Je kijkt welke takken andere bomen en planten hinderen. Deze knip je ook af. Zo krijgen alle bomen en struiken weer genoeg lucht en ruimte om te groeien

IJSHEILIGEN

HET WAREN ECHTE HEILIGEN. DE
EERSTE BERICHTEN OVER DEZE
'STRENGE' HEREN - ST.MAMERTUS,
ST. PANCRATIUS, ST. SERVATIUS
EN ST. BONIFATIUS - DATEREN
VAN ROND HET JAAR 1000. HUN
NAAMDAGEN ZIJN 11, 12, 13 EN
14 MEI. EN DIE VIEREN WE NOG
STEEDS, WANT NA DIE DATA NEEMT
DE KANS OP VORST STERK AF. DE
LAATSTE WEKEN VAN MEI VRIEST
HET (BIJNA) NOOIT MEER. ZIJN DE
IJSHEILIGEN GEWEEST, DAN KOMT
HET LEKKERE WEER ERAAN!

EEN PAAR SNOEI-REGELS PER SOORT:

DRUIF:

Je snoeit alleen als je een flinke oogst
wilt, anders laat je hem gewoon lekker
zijn gang gaan. Wil je snoeien, dan doe je
dat rond Oud en Nieuw, maar niet als het
vriest. Snoei ook niet in de periode van
februari tot en met mei. Dan kan de druif
namelijk gaan 'bloeden' en heel erg ver-
zwakken. De ranken die trossen hebben
gedragen, snoei je onder het derde oog*.
Zijn de trossen te zien, zorg dan dat ze in
de zon hangen, daarvoor moet je waarschijnlijk wat bladeren wegknippen.
Van de trossen haal je wat druifjes weg,
zodat de overgebleven druiven groter
kunnen worden.

APPEL:

Als je veel appels wilt, is het slim een
appelboom twee keer per jaar te snoeien.
Je zorgt er dan voor dat hij zijn energie
in bloesem stopt en niet in de groei.
Hetzelfde geldt trouwens ook voor een
perenboom. Aan het eind van de winter,
in februari, snoei je dikke oude takken
weg. Kleine jonge takjes laten zitten. In
juni snoei je nog een keer. Dan snoei je
vooral de snelgroeiende takken die recht
omhoog schieten.

PRUIM:

Pruimenbomen mag je absoluut niet in
de winter snoeien. De beste periode is
tussen half april en half september.
In augustus zijn de pruimen rijp. Het
best snoei je na de oogst, dan snoei je
niet per ongeluk de vruchten. Wees sowieso een beetje mild met snoeien. Een
paar grote takken is prima, maar haal er
niet te veel kleine takjes af, dan krijg je
het jaar erop lekker veel bloesem en dus
lekker veel pruimen.

T!P

BINNEN- EN BUITENOOG
• Een oog is een verdikking op de
tak. Het worden de uitlopers van
de plant, de takken dus. Je hebt
binnen- en buitenogen.

• Een buitenoog is een knop die je
herkent aan het rode streepje dat
naar buiten wijst. Je knipt de tak
vlak boven dit oog. Het bovenste
oog loopt als eerste uit en dan
krijg je dus een mooie brede plant.

SCHOON MAKEN

+ ONDERHOUD

Ook je tuin moet je af en toe schoonmaken. Al is het maar om minder kans te lopen op die gladde tuintegels uit te glijden.

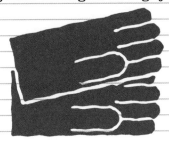

TEGELS EN TERRAS

SUPERHANDIG VOOR ALLE SCHOONMAAKKLUSSEN IN DE TUIN IS EEN HOGEDRUKREINIGER. BEMOSTE TEGELS, VOEGEN VAN JE KLINKERS, JE SPUIT ER ALLES MEE SCHOON. JE SPUIT MET EEN HOGEDRUKSTRAAL ZO AL HET VUIL VAN DE TEGELS EN HET ONKRUID TUSSEN JE STEENTJES UIT. HET SCHEELT JE HEEL WAT SCHROBWERK EN EEN PIJNLIJKE RUG. VERKRIJGBAAR BIJ DE BOUWMARKT. JE KUNT EEN HOGEDRUKREINIGER OOK HUREN.

GLADDE TEGELS

Tuinpaden en terrastegels kunnen bij vorst gevaarlijk glad zijn. Als je zout strooit op terras of pad, komt het al snel tussen bomen, struiken en in de borders terecht. Planten kunnen dan last van het hoge zoutgehalte krijgen. Dat zie je pas als ze groeien. De planten groeien dan minder snel en groen blad wordt geel. Gebruik in plaats van zout liever zand (scherp zand of metselzand). Planten hebben er geen last van en het werkt net zo goed tegen gladheid. Gladde houten tuintegels kun je ook lakken met zoge-naamde jachtlak, die je vermengt met een handje vol héél fijn zand. Zeker weten dat je niet meer zomaar uitglijdt.

PLANTEN

Van planten die er wat rommelig uitzien in de winter, kun je gerust iets afknip-pen. Als de bladeren vallen in de herfst, kun je een gedeelte bewaren in manden die je op een droge plek zet. Gebruik deze bladeren als winterdeken voor planten die extra bescherming nodig hebben tegen de vorst.

Wees niet te ijverig, laat na het oprui-men van je tuin voor de winter her en der wat tuinafval liggen voor dieren als padden en egels. Zij hebben in de winter ook een schuilplaats nodig. En egels hel-pen jou op hun beurt door de slakken in je tuin op te eten.

TUINGEREEDSCHAP

Laat gieters en bloempotten leeglopen voor de vorst invalt en zet ze op hun kop. Zo kunnen ze niet kapotvriezen. Ook je regenton kan bevriezen, dus laat die ook leeglopen.

Sluit de buitenkraan af voor de winter en laat de tuinslangen leeglopen en berg ze op. Zorg dat je slang niet in een knik komt te liggen, daar krijg je scheuren van.

 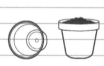

T!P

Laatste keer het gras gemaaid? Haal aarde en gras weg van de mes-bladen en zet de machine schoon weg. Je kunt ook de messen nog laten slijpen. Ook ander tuingereed-schap reinig je voor de winter en zet je in het vet. (Insmeren met vaseline helpt prima tegen roest!)

TUINGEREEDSCHAP

Je kunt natuurlijk meteen het hele bouwcentrum leegkopen en je schuur vol zetten met state-of-the-art tuingereedschap, maar waarschijnlijk is het slimmer om alleen te kopen wat je echt nodig hebt. Als basisgereedschap kun je denken aan een snoeischaar, een handschep en een spa. Plus een gieter en een tuinslang natuurlijk. Na verloop van tijd ontdek je vanzelf welke gereedschappen je nodig meer nodig hebt. We geven hieronder alvast een overzicht van de meest gebruikte gereedschappen.

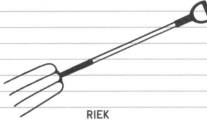

RIEK

Compacte spitvork. Hiermee kun je de grond met weinig moeite bewerken en verzorgen. Ook handig om mest en compost te verdelen en om planten uit te graven en te verplanten.

SPADE

Licht taps toelopende steekschop met enigszins hol blad met steps ter bescherming van je voeten en schoenen.

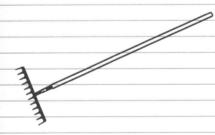

TUINHARK

Zeer sterke, vrij grove hark, voor het fijn maken van gespitte of net gecultiveerde grond.

GAZONHARK

voor het opharken van gemaaid gras, bladeren en licht tuinafval.

TUINKRABBER
Hier kun je goed mee wieden en de grond losmaken tussen planten die dicht op elkaar staan.

POOTSTOK
Hiermee kun je heel gemakkelijk zaadjes zaaien of bollen planten. De ene kant geeft een klein gaatje, de andere kant een groter gat. Net welke maat je nodig hebt.

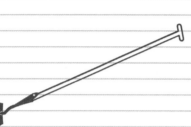

SCHOFFEL
N-H model; Schoffelt onkruid en grond los. Dit kun je niet vaak genoeg doen.

VERSPEENVORK
Met een verspeenvork kun je voorzichtig werken, handig bijvoorbeeld als je zaailingen uit de grond wilt halen. Het zaailingetje moet je dan tussen de tanden van vorkkant friemelen en dan zachtjes trekken. Met de lepelkant kun je de grond zachtjes aandrukken rond zaailingen.

PLANTENSCHOPJE
Een zeer stevig plantschopje dat puntig toeloopt. Blijft ook na jaren nog lekker scherp.

HET ECHTE WERK

MOESTUIN AANLEGGEN

Zo, de basics goed bestudeerd? Dan is het nu tijd voor het echte werk: de moestuin aanleggen! Een moestuin aanleggen kan iedereen. Het enige wat je er voor nodig hebt, is een stuk grond, een schep, wat zaden en genoeg tijd. Maar voordat je uit je luie stoel komt, eerst even dit:

HOEVEEL RUIMTE HEB JE?

Bekijk je tuin goed, en maak een tekening op schaal. Teken erop wanneer de zon op welke plek is en hoe lang. Dat zijn je basis-ingrediënten van je tuin. Teken ook de muren en plaatsen waar je trellissen zou kunnen plaatsen. Je kunt je opbrengst misschien wel verdubbelen als je ook in de hoogte gaat werken. Ga slim met álle ruimte om. Wil je ook dieren op je boerderij (zie vraag 2)? Teken dan ook de plekken in waar je de dierenverblijven wilt plaatsen.

WIL JE OOK DIEREN IN JE TUIN?

Bezint eer ge begint. Dat geldt niet alleen voor huisdieren als honden en poezen. Ook kippen, bijen, varkentjes en geiten kosten tijd en hebben aandacht en verzorging nodig. In sommige gemeenten geldt een verbod op het houden van dieren in de achtertuin. Check dat nog even goed voordat je enthousiast zo'n lief varkentje koopt.

WAT WIL JE BEREIKEN?

Wil je alleen maar een beetje zomergroenten oogsten of ben je van plan het hele jaar door opbrengst uit eigen tuin te eten? Als je nog niet zo'n ervaren tuinierder bent, is het misschien slim om rustig aan te beginnen. Het zou natuurlijk jammer zijn als je na één poging teleurgesteld je tuingereedschap aan de wilgen hangt.

HOEVEEL TIJD WIL JE AAN JE TUIN EN DIEREN BESTEDEN?

Bedenk van tevoren hoeveel tijd je maximaal aan je tuin en dieren wilt besteden. Nu denk je in je enthousiasme misschien dat je de hele dag in de tuin zou willen werken en heel lief voor alle dieren zult zijn. Maar geloof ons; op een gegeven moment is de lol van onkruid wieden er wel vanaf. En op een warme zomermiddag wil je misschien wel liever met een drankje in een stoel zitten, dan de geit melken. En overleg met je buren. Niet iedereen vindt 't grappig om door een krijsend varkentje gewekt te worden. Hoe schattig hij er ook uitziet. We vertellen je in dit boek uitgebreid per diersoort wat er handig en minder handig aan is. Zodat je een weloverwogen keuze kunt maken.

MOESTUIN AANLEGGEN

Voor je tot zaaien overgaat, moet je bedenken wat je precies gaat verbouwen en vooral ook waar alles moet komen. Houd daarbij in je achterhoofd dat de meeste gewassen in juni, juli en augustus geoogst kunnen worden. Wil je niet de hele winter op ingemaakte groenten leven, dan zul je ook iets moeten zaaien wat langer groen blijft. Zoals de meeste koolsoorten. Wil je het zogenaamde groeiseizoen écht verlengen, verrijk je tuin dan met een koude bak (een bak met een glasplaat erop) of een eenvoudige kas.

WISSELTEELT

Moestuinier je in de volle grond, zet dan nooit twee jaar achter elkaar op dezelfde plek dezelfde groenten. Elke groentesoort haalt namelijk zijn eigen specifieke voedsel uit de bodem. Wissel de groentensoorten daarom af. Behalve dat de groenten daardoor beter groeien, krijgen ook ziektes en schimmels minder kans bij sterke en gezonde planten. Dit heet 'wisselteelt'.

Die vier groepen laat je via een vast schema rouleren. Het is handig om daar vooraf even een plan en een plattegrond voor te maken, beter bekend als teeltplan. Een voorbeeld daarvan zie je hieronder:

TEELTPLAN

VOOR DE MEEST EENVOUDIGE VORM VAN WISSELTEELT VERDEEL JE JE GEWASSEN IN VIER GROEPEN:

1. AARDAPPELEN EN TOMATEN (IS FAMILIE VAN ELKAAR)

2. WORTEL- EN KNOLGEWASSEN

3. KOOLSOORTEN

4. PEULVRUCHTEN

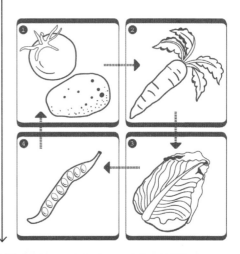

Naast veel eenjarige planten heb je als gevorderde tuinierder ook een handjevol vaste planten, zoals rabarber, asperges of aardbeien. Die kun je het best op een apart veldje telen. Of langs de rand van het veld waar je wisselteelt toepast.

COMBINEREN

Naast afwisseling heeft je moestuin ook baat bij slimme combinaties. Dus zet planten bij elkaar die een gunstige invloed op elkaar hebben. Zet wat kroppen sla tussen de bonen, bescherm tomaten met een windvanger van maïs of houd komkommer uit de wind met aardpeer. Zo verklein je de kans op een mislukte oogst en maak je ook nog eens beter gebruik van de ruimte. Door slim te combineren haal je meer uit je tuin.

T!P

Plant goudsbloemen tussen fruit en groenten, ze houden mieren weg. De wortels van afrikaantjes scheiden een stof af die helpt tegen de schadelijke bodemaaltjes.

T!P

Zet komkommerkruid tussen de aardbeien, daar krijgt het fruit een lekkere smaak van.

GROENTE

GROENTE

Om te voorkomen dat je eigen groenteteelt meteen op een teleurstelling uitloopt, kun je het beste beginnen met deze 'makkelijke' groenten.

SLA

Zelfgekweekte sla: je moet flink wassen, maar dan heb je ook wat. Sla kan in elke tuin groeien en ook zonder groene vingers kun je je eigen sla telen. Er zijn soorten waarvan je bladeren plukt en soorten zoals kropsla, die je ineens oogst. Als je wilt kun je een paar soorten samen in een bak zetten. Helaas zijn ook slakken dol op sla. Door een touw geweekt in zout water om de pot te binden, houd je ze op afstand. Ook snijbiet (lekker in de sla) is een erg makkelijke plant en kan goed samen met de sla in één bak staan.

COURGETTES EN POMPOEN

Er zijn 150 of meer soorten pompoenen en courgettes en stuk voor stuk zijn ze erg kleurrijk. Ze geven mooie bloemen en groeien bovendien als kool. Je kunt ze leiden tegen de muur of een boog. Laat courgettes niet groter dan 10 cm worden, dan worden ze zompig. Courgettebloemen kun je trouwens ook eten, gevuld en gefrituurd.

T!P

Koop een minikas en plant hierin je groenten als het buiten nog te koud is. Door het raampje regelmatig open te zetten vanaf mei, laat je de planten harden. Als de ijsheiligen (half mei) voorbij zijn, kun je de planten buiten zetten.

⇕

RABARBER

Rabarber plant je in maart, begin april of november in losse grond die van nature een beetje vochtig is. Maar de planten willen ook niet constant met hun voeten in het water staan. Reken ongeveer een vierkante meter voor elke plant. Zet de plantjes niet te diep en zeker niet op een plek waar het jaar daarvoor ook al een rabarberplantje heeft gestaan. De aarde heeft dan niet genoeg voedingsstoffen meer voor de nieuwe plant. Jonge plantjes die je in het voorjaar hebt geplant geven nog geen oogst, vanaf het tweede jaar kun je naar hartenlust oogsten door er stelen af te draaien. Als je een flinke oogst wilt hebben, probeer dan te voorkomen dat de rabarber gaat bloeien. Haal steeds de bloemknoppen eruit. Van rabarber kun je heerlijke jam maken. Voor de techniek van jam maken, kijk op pagina 54. Lekker om aan rabarberjam een beetje gember en tabasco toe te voegen. Of gember en chilipeper. Ook heel lekker én origineel: rabarbercello. Dit recept komt uit het boek Zelfingemaakt.

MAKE YOUR OWN RABARBERCELLO

INGREDIËNTEN

- 500 gram rabarber

uit het keukenkastje
- 200 gram suiker

uit de winkel
- 700 ml wodka waarin minimaal 40% alcohol

extra nodig
- een schone goed afsluitbare fles of pot
- zeef
- kaaslinnen doek
- staafmixer
- lege flesjes

WERKWIJZE:

Was de rabarber en snijd ze in hele dunne plakjes.
Meng de suiker goed met de rabarber in een schone goed afsluitbare fles of pot. Schenk de wodka erover en meng het goed.

Laat het mengsel afgesloten 3 à 4 weken trekken op een donkere plaats. Schud iedere dag even. Filtreer vervolgens het rabarber-, suiker- en wodkamengsel door een schone kaaslinnendoek. Zorg dat alles in een doorzichtige glazen schaal kan druppelen. Pureer de overgebleven stukjes rabarber met een staafmixer. Leg de kaaslinnen doek in de zeef en leg de puree op de neteldoek in de zeef. Laat net zoveel vocht van de rabarberpuree in het wodkamengsel druppelen tot het niet meer helder maar ondoorzichtig en knalroze is. Gooi de rest van de pulp weg.

Giet de roze rabarbercellodrank in schone flessen en bewaar nog 3 tot 6 maanden zodat de smaak en structuur zich tot een heerlijke likeur heeft ontwikkeld. Drink hem ijskoud.

TOMATEN

Vind je Italiaanse tomaten ook zo lekker? Zelf kweek je nog veel lekkerdere tomaten. Tomaten komen uit het zuiden, dus ze willen graag warm en zonnig staan. Tomaten mogen nooit helemaal droog staan, maar ook niet te veel water hebben. Als de bladeren de zon weghouden van de vruchten, knip ze dan weg zodat de tomaat beter rijpt. Dit geldt ook voor de tomaten zelf. Soms moet je er een paar opofferen zodat de andere meer zon krijgen. Rond midzomer (21 juni) moet je tomatenplanten dieven, dat wil zeggen dat je de zijscheuten in de bladoksels moet uitknijpen zodat de plant niet blijft doorgroeien. Hij moet nu energie gaan steken in de tomaten zelf, niet meer in de groei.

MAKE YOUR OWN KETCHUP

INGREDIËNTEN

- 5-6 rijpe tomaten
- 2 eetlepels olie
- 1 ui
- 2 teentjes knoflook
- stukje gember van 3 cm
- 1 geroosterde paprika
- 75 g selderij
- 1 rood pepertje
- 5 cl rode wijnazijn
- 5 cl tomatenpuree
- 5 cl bruine suiker
- 1 theelepel zout

WERKWIJZE:

1. Hak de tomaten, ui, gember, knoflook, pepertje, geroosterde paprika en de selderij grof.
2. Doe de olie in de pan op halfhoog vuur. Voeg de tomatenpuree en de gehakte groenten toe. Laat bakken tot de ui glazig is.
3. Doe de gewassen en in blokjes gesneden tomaat toe, samen met 250 cl water en laat half uur sudderen op laag vuur.
4. Mix het in de blender tot het net zo grof of fijn als je lekker vindt
4. Voeg de azijn en de suiker toe.
5. Proef en voeg eventueel nog wat zout toe.

Giet het over in een schone fles die je dicht kunt doen. Zolang de fles dicht is, kun je de ketchup een maand op een koele donkere plek bewaren. Als de fles open is, dan kun je hem een paar dagen bewaren.

KRUIDEN

Kruiden kun je heel goed houden op een zonnige vensterbank in de keuken, maar ook in potten buiten op het terras of balkon. Of in de volle grond. Trek bij het oogsten geen takken van de kruiden, maar knip de toppen af. De plant blijft zo goed groeien. Basilicum is een soort die heel veel zon nodig heeft om te groeien. Rozemarijn al veel minder. Kruiden houden van zon, maar in hele hete zomers vinden ze het ook fijn om een deel van de dag in de schaduw te staan. Ze hebben weinig voeding nodig. Van kruiden kun je heel goed pesto's maken. Zie pagina 59 voor de techniek. Kruidenboter, kruidenazijn en kruidenolie is ook altijd handig en lekker.

MAKE YOUR OWN KRUIDENOLIE

INGREDIËNTEN

- afsluitbaar potje
- olie
- gehakte kruiden
- knoflook
- citroen

WERKWIJZE:

Kruidenolie kun je met elk kruid maken of elke kruidencombinatie. Net wat je lekker vindt. De basisolie is zonnebloemolie en als je een sterkere smaak wilt, neem je een olijfolie. Kruidenolie is lang houdbaar en lekker als brooddip, in soepen of over een salade.

Gebruik een potje dat je kunt afsluiten, schenk daar de olie in, voeg de gehakte kruiden toe. Pel de knoflook en schil de citroen. Voeg zoveel citroenschil en knoflook toe als je lekker vindt.

T!P Zet binnen een pot basilicum neer om de vliegen buiten te houden.

MOSTERDPLANT

Een leuke plant voor in je moestuin: de mosterdplant, een eenjarig plantje dat tot 1 meter hoog kan worden. Alle soorten mosterdplanten hebben de typische gele bloemen, maar niet allemaal hebben ze hetzelfde zaad. Er zijn gele, zwarte en bruine mosterdzaden. Dat wil zeggen: de velletjes die om de zaden zitten, hebben een andere kleur. Vanbinnen zijn alle mosterdzaden bleekgeel. In je moestuin moet je een beetje oppassen met gele mosterd, die verwildert makkelijk. Het is eigenlijk een soort onkruid. In het wild kun je het plantje tegenkomen langs akkerranden, langs de kant van de weg en op braakliggende stukken grond.

Mosterdplanten zijn makkelijk: je zaait in het voorjaar, in de zomermaanden word je getrakteerd op mooie bloemen en in het najaar kun je de zaaddozen - zogenoemde hauwen - oogsten. Ze lijken een beetje op kleine peulen en erin vind je de piepkleine zaadjes, zo'n 2 millimeter groot. In elke hauw zitten zo'n 4 tot 8 mosterdzaadjes. Voordat je een beetje genoeg hebt voor je eigen mosterd, ben je dus wel even zoet. Gelukkig heeft zo'n beetje iedere supermarkt potjes met mosterdzaadjes te koop.

MAKE YOUR OWN MOSTERD

INGREDIËNTEN

- 100 gram mosterdzaad
- stuk gember ter grootte van een duim
- 2 tenen gepelde knoflook
- ½ rode peper in stukken
- 1 ½ eetlepels cayennepeper
- flinke eetlepel suiker
- 250 ml wittewijnazijn
- peper & zout

WERKWIJZE:

Voor een gladde mosterd laat je de mosterdzaden een nacht weken.
Gooi alles in de blender en laat een minuut of vijf draaien. Giet het daarna over in een goed schoongemaakte pot. Laat het drie dagen staan voordat je een lepeltje probeert. De smaken moeten namelijk even op elkaar inwerken om er de echte mosterdsmaak aan te geven. Bewaar je mosterd in de koelkast.

FRUIT

FRUIT

Naast groenten wil je als kersverse boer natuurlijk ook fruit kunnen telen. Het meeste fruit is best simpel te onderhouden. Soms een beetje snoeien en natuurlijk water geven. Denk er wel aan dat je van veel fruitsoorten minstens twee bomen moet planten, vanwege de bestuiving. Er zijn ook soorten die zichzelf bestuiven, daarvan hoef je er maar een te hebben om fruit te krijgen. Bij het tuincentrum kunnen ze je vertellen welke bomen zelfbestuivend zijn. Van de meeste fruitsoorten kun je heerlijke jam maken. Zie pagina 54 voor de techniek.

VIJGEN

Vijgenbomen komen uit exotische landen, maar ook in kleine Nederlandse tuinen doen ze het prima. Midden in de stad, beschut tegen de vorst, geeft de boom ook vruchten. Vijgen hebben een dikke mulchlaag (een deklaag van organisch materiaal) nodig in de winter. Een rietmand rond de plant wil ook nog weleens helpen om hem de winter te laten overleven. Zelfgemaakte vijgenjam is heerlijk bij een kaasplankje. Hoe je jam kunt maken, lees je op pagina 54.

APPELS

Geen enkele tuin is te klein voor een (mini-)appelboom. Voor kleine tuinen, balkons en dakterrassen zijn leifruitbomen handig, ze groeien plat tegen de muur en nemen dus minder ruimte in. Leifruit vindt het heerlijk op een balkon: geleid tegen een muur profiteren ze van de warmte die de muur lang vasthoudt. Geef fruit tegen muren wel vaker water; de aarde wordt sneller droog. Bij tuincentra kun je leifruitbomen inclusief frame kopen. Vaak worden (appel)bomen met kale wortels verkocht, dan hebben ze geen kluit en zitten ze niet in een pot. Deze kunnen pas vanaf het najaar worden geplant. Bomen en planten in een pot kunnen het hele jaar door worden geplant. Een appeltaart is natuurlijk altijd lekker, maar van appels kun je nog veel meer zelf maken. Wat dacht je bijvoorbeeld van zelfgemaakte appelstroop? Kijk op pagina 48 hoe dat moet. Ook kun je zelf appelsap maken. Zelfs als je geen sapcentrifuge hebt.

47

MAKE YOUR OWN APPELSAP

INGREDIËNTEN
(voor 1 liter sap)

- 2 kilo appels
- water

WERKWIJZE:

Voor het maken van sap kun je alle appels gebruiken, ook de appels met butsen. Snij die wel weg. Check ook altijd even of er geen wormen in de appels zitten. Die wil je natuurlijk niet in je appelsap vinden. Klokhuizen mogen blijven. Het lekkerste sap krijg je als je verschillende soorten appels door elkaar gebruikt. Was de appels goed en snijd ze in vieren. Je hoeft de appels niet te schillen.

Als je een sapcentrifuge hebt, kun je daarmee appelsap maken. Dat werkt sneller dan de klassieke methode waarbij de appels tot moes gekookt worden en gefilterd. Maar het kan natuurlijk ook gewoon op de klassieke manier.

KLASSIEKE METHODE

Snij de appels in stukjes en kook ze met een laagje water in ongeveer drie kwartier tot moes. Stamp ze met een stamper wat kleiner. Zet een vergiet in een pan en leg er een schone doek in. Stort nu de brokkerige moes in het vergiet en laat uitlekken. In de pan komt dan de appelsap en in de doek in het vergiet het restafval. Laat de appelsap afkoelen en proef 'm even. Voeg suiker toe als hij te zuur is. Zet de pan met appelsap dan op het vuur en laat de suiker oplossen in het sap. Giet de sap over in een schone fles die je kunt afsluiten.

MAKE YOUR OWN APPELSTROOP

INGREDIËNTEN
(voor 1 liter sap)

- appelsap

WERKWIJZE:

Laat de appelsap samen met de basterdsuiker inkoken totdat de druppels een beetje als draden aan de lepel gaan trekken. Dat kan wel uren duren trouwens. Als je het mengsel laat afkoelen, wordt het een gelei-achtige substantie: je stroop is klaar. Giet de stroop over in een schone pot en hij is nog maanden houdbaar, ook buiten de koelkast.

DRUIVEN

Helaas kan een druif niet zo goed in een bak of pot groeien.
Maar als je hem in de volle grond kwijt kunt, is het een makkelijke
plant. Zet hem op een beschut plekje in de zon en je hebt er
nauwelijks omkijken naar. Een druif is ideaal om over een pergola
te laten groeien. Plant hem tegen een muur op het zuiden en leid de
druif vandaaruit over de pergola. Van druiven kun je natuurlijk wijn
maken. Makkelijk is het niet hoor, maar natuurlijk wel superleuk om
je eigen wijn te kunnen schenken tijdens een etentje.

MAKE YOUR OWN
WIJN

WERKWIJZE:

STAP 1

Pluk de druiven en doe ze in de emmer. Het mengsel met alle vellen en pitjes
dat nu in je emmer zit, noem je most. Probeer zo min mogelijk takjes in de
most te laten vallen. Plet de druiven fijn met het houtblok of verzin een eigen
manier om het sap uit de druiven te slaan. Meet of weeg de hoeveelheid most
die je hebt en voeg per 10 liter 2-4 ml pecto-enzymen toe. Dek de ton of
emmer nu af met een schone theedoek. Er moet zuurstof bij kunnen, maar
er mogen absoluut geen fruitvliegjes in terechtkomen. Naast dat vliegjes in
je wijn smerig is, kunnen fruitvliegjes een bepaalde bacterie overbrengen
waardoor je wijn naar azijn gaat smaken. Eenmaal afgedekt, laat je de ton of
emmer 12 uur rusten.

STAP 2

Als het goed is, begint de gisting nu vanzelf en komt er op die manier alcohol
in de wijn. Bij eigen oogst is de zuurgraad meestal goed, maar is het suikergehalte te laag om de gist goed z'n werk te laten doen. Je moet minimaal
168 gram suiker per liter most hebben om tot een goede gisting en dus
alcoholpercentage van ongeveer 10% te kunnen komen. Als je wijn wilt met
12% alcohol, moet je 1 kilo suiker toevoegen aan 10 liter most. Wil je wijn
met een lager alcoholpercentage dan kun je minder suiker toevoegen. Of jouw
most voldoende suiker heeft, kun je proeven en gokken. Je kunt er ook speciale
apparaatjes voor gebruiken. Op internet vind je daar veel informatie over.

LEES VERDER OP DE VOLGENDE PAGINA

STAP 3

Na ongeveer één tot twee dagen komt de gisting op gang. Je ziet dan op de most een soort schuim ontstaan met vellen en pitten erin. Na deze eerste gisting kun je extra suiker toevoegen. Goed doorroeren en de ton of emmer met een schone theedoek afdekken. Laat dit twee tot drie dagen rustig verder gisten. Het is niet handig om tussendoor te gaan roeren omdat de wijn dan in contact komt met de druivenpitjes en dat voor teveel tannine in de wijn kan zorgen.

STAP 4

Als de gisting klaar is, na twee tot drie dagen, schep je voorzichtig met de zeef het bovenste laagje schuim met de troepjes eraf. Weer afsluiten met een schone theedoek en een paar uur laten rusten. Dan weer de bovenste laag er voorzichtig afscheppen.

STAP 5

Maak suikerstroop van kokend water waarin je suiker laat oplossen. Je hebt 250 ml suikerstroop nodig voor 10 liter most. Voeg dit aan de most toe, samen met een heel klein beetje gistvoedingszout. Pak de trechter, de zeef en gistingsfles. Giet de most door de zeef in de gistingsfles. De meeste troepjes blijven achter in de zeef, maar de wijn zal er nog wat troebel uitzien. Doe het waterslot op de gistingfles en laat er geen zuurstof meer bij komen. Na ongeveer twee weken ligt de drab op de bodem van de fles en is de wijn helderder. Je kunt de wijn voorzichtig overschenken in een andere gistingsfles waarbij je de drab in de eerste fles achterlaat. Je kunt de wijn nu al proeven. Een frisse jonge wijn.

STAP 6

Voeg 125 ml suikerstroop toe aan 10 liter wijn. Goed schudden aan de fles en drie tot vier weken laten staan. Dan overgieten in andere gistingsfles, even proeven en indien nodig weer 125 ml suikerstroop op 10 liter wijn toevoegen. Nu kan de wijn nog even lekker nagisten. Na twee tot vier maanden is het gistings- en klaringsproces (helder worden van de wijn) klaar en is de wijn helder. Klaar voor gebruik!

PEREN

Perenbomen doen het niet zo goed in een pot. Ze vragen om meer verzorging dan bijvoorbeeld appelbomen. Ook bestaan er niet veel goede zelfbestuivende perenrassen, dus je hebt bijna altijd twee of meer perenbomen nodig. Als je het geen probleem vindt, koop je twee leifruitbomen die je op een beschutte zonnige plek zet. Perenjam kun je lekker pittig maken door stukken gember in een kaasdoek bij de pan met water en peren te voegen, een half uur laten koken en dan de doek verwijderen en de jam afmaken. Zie pagina 54 voor de techniek van jam maken.

PRUIMEN

Pruimen zijn makkelijk te kweken en er bestaan verschillende zelfbestuivende rassen. Czaar en Opal zijn zelfbestuivende rassen die goed in bakken zijn te kweken. Pruimen bloeien vroeg in het voorjaar, dus lopen ze kans op vorstschade. Pruimen moet je middenin het voorjaar snoeien. Pruimenjam en –chutney doen het altijd goed.

AARDBEIEN

Aardbeien zijn makkelijk te telen, ook in potten op terras of balkon. In potten staan hangaardbeien heel leuk. Zorg dat in de potten ontwateringsgaten zitten. Je kunt gewone potgrond gebruiken, maar er bestaat zelfs aardbeienpotgrond die de perfecte samenstelling voor aardbeien heeft. Aardbeien hebben veel water nodig, in de zomer zelfs elke dag. Potten kunnen bij warm weer in één dag uitdrogen. Aardbeien houden van zon, maar ze willen niet in de wind staan. Aardbeienplanten kunnen overwinteren, maar dan moet je de potten binnen zetten. Je oogst ze vanaf eind juni tot ver in augustus. Aardbeienjam is natuurlijk een inkoppertje, lekker bijvoorbeeld met balsamicoazijn er doorheen. Ook superlekker en leuk: aardbeienmayonaise. Gewoon aardbeien pureren en door mayonaise roeren.

Takken van fruitbomen die horizontaal hangen, geven meer fruit. Hang dus gewichten, bijvoorbeeld jampotjes met waxinelichtjes erin, aan de takken van een appelboom en je kunt een rijke oogst verwachten.

JAM
LIKEUR
PESTO

JAM LIKEUR PESTO

Jam, likeur en pesto maken, het zijn allemaal bewerkingen om zo lang mogelijk van je oogst te kunnen genieten. Je kunt helemaal zelf bepalen welk soort fruit of kruiden je gebruikt. Aardbeien voor de jam, citroen voor de limoncello, walnoten voor de pesto, verzin het maar. Probeer het maar gewoon uit, wie weet vind je wel een waanzinnige smaakcombinatie.

Wat je ook doet, en welk fruit of welke kruiden je dan ook maar gebruikt, zorg ervoor dat je schoon werkt. De potten en flessen waar je je lekkers in wilt bewaren, moeten altijd brandschoon zijn. Als je jam in potten hebt gegoten, sluit je de potten direct af, keer je ze om en laat je ze afkoelen. Op die manier trekt de inhoud vacuüm, zodat er geen bacteriën bij kunnen komen. Bij pesto giet je er een laagje olie overheen om de houdbaarheid te garanderen. Plak sowieso altijd etiketten op de potten en flessen met vermelding van ingrediënten en bereidingsdatum en zet ze op een koele, donkere plek.

53

JAM MAKEN

BENODIGDHEDEN:
- vers fruit
- suiker
- vergiet
- pannetje
- schone potten

VERS FRUIT

Een lekkere jam maak je uiteraard alleen met een goeie kwaliteit fruit. Zorg dat je vruchten vers en gaaf zijn, verwijder beurse plekjes. Wil je stukjes fruit in je jam, snijd ze dan in de gewenste grootte. Wil je een gladde jam, maal het fruit dan fijn met een staafmixer voor je de suiker toevoegt.

Weet je welke jam je wilt gaan maken, zet dan alle benodigdheden binnen handbereik. Het fruit, de suiker, eventuele kruiden, de pollepel, de jampotten en een royale pan. Liefst met een dikke bodem, want dat versnelt de verdamping van vloeistof. Ook de grootte van de pan speelt daarin een belangrijke rol: hoe ruimer, hoe meer vocht er verdampt en hoe eerder de jam de gewenste dikte heeft. Bovendien moet je het fruit goed kunnen omroeren en heeft het ruimte nodig om omhoog te komen bij het koken. Pas op: door het hoge suikergehalte is kokende jam gloeiend heet, veel heter dan kokend water! Zet het vuur dus op tijd lager.

GOED GEBONDEN

Handige term, 'gewenste dikte', maar wat houdt dat dan in? Dit kun je checken met behulp van een jam- of suikerthermometer: is de jam 105 °C, dan is de jam voldoende gebonden en moet je stoppen met koken. Heb je zo'n thermometer niet in huis, leg dan een theelepeltje jam op een koud schoteltje en laat het even afkoelen. Loopt de jam niet van het schoteltje af als je het scheef houdt? Dan heeft-ie de gewenste dikte bereikt.

Zoete jam is buiten de koelkast 6-12 maanden houdbaar. Na opening in de koelkast bewaren. Halfzoete jam is 3-6 maanden houdbaar, na opening nog ongeveer 1 maand.

54

JAM MAKEN

STAP 1
Spoel het fruit goed af, maak het schoon, verwijder de slechte vruchten, kroontjes, pitten, steeltjes en dergelijke. Eventueel grote stukken fruit klein snijden

STAP 2
Doe het schoongemaakte fruit in een royale pan met dikke bodem. Voeg de suiker en eventuele andere ingrediënten toe. Roer dit goed door elkaar

STAP 3
Zet de pan op het vuur en breng alles al roerend aan de kook. Houd de aangegeven kooktijd in de gaten

STAP 4
Vul de klaargezette potten met de hete jam, vul ze tot ze bijna overlopen. Sluit de potten zo heet mogelijk af, draai om en laat ondersteboven afkoelen

STAP 5
Plak de etiketten erop

LIKEUR BROUWEN

WAS ALLES MAAR ZO SIMPEL ALS LIKEUR MAKEN. JE KOOPT STERKE DRANK, STOPT ER FRUIT OF KRUIDEN BIJ, BEETJE SCHUDDEN EN DAN MAAR WACHTEN. EN LEKKER DAT HET WORDT!

BENODIGDHEDEN:
- vers fruit
- vergiet
- schone glazen pot
- kaaslinnen doek

Alcohol, suiker en een smaakje: uit meer ingrediënten bestaat een likeur eigenlijk niet. Maar om dat smaakje gaat het hier natuurlijk. En wat kan er op tegen de smaak van fruit en kruiden uit eigen tuin? Precies: niets.

Een likeur bevat normaal meer dan 100 gram suiker in elke liter drank. Meestal ligt de hoeveelheid suiker rond 250-350 gram per liter. In de recepten die in dit boek zijn beschreven, is alleen gebruik gemaakt van alcohol die je zo kunt kopen bij de slijter. Het stoken van alcohol is complex en niet zonder gevaar, en komt hier dus niet aan de orde.

MACEREREN MAAR!

Voor het maken van likeur gebruik je een grote stopfles of andere grote glazen pot die goed is af te sluiten. Terwijl de ingrediënten hierin staan te macereren, ofwel te trekken en weken, kun je de pot regelmatig schudden, zodat alles goed mengt en de suiker helemaal oplost. Na het maceratieproces – de duur daarvan is per recept verschillend – filtreer je de vloeistof door een kaaslinnen doek en vervolgens door een papieren koffiefilter om ook de laatste fijne restjes te verwijderen. Nu kun je de likeur over de flessen of potten verdelen.

CHECK DUBBELCHECK

Zorg dat al het glaswerk grondig gecontroleerd is op beschadigingen. Gebruik liever geen gekleurd glas, of kijk eerst zorgvuldig of de kleurvastheid goed is. Laat ook kristallen glaswerk links liggen. Dat bevat meestal veel lood, een zwaar metaal dat door de drank wordt uitgeloogd. En het laatste dat je wilt is natuurlijk een loodvergiftiging oplopen.

ETIKET

Vervolgens schrijf je een etiket met een toepasselijke naam. Noteer wanneer je de likeur hebt gemaakt. Een veilige richtlijn voor de houdbaarheid van likeur is 1½-2 jaar voor flessen die je zo nu en dan drinkt, tot 3-4 jaar voor gesloten flessen.

LIKEUR MAKEN

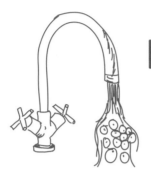

STAP 1
Maak het fruit schoon,
verwijder de slechte
vruchten, kroontjes, pitten,
steeltjes en dergelijke

STAP 2
Doe het fruit in een schone glazen pot en
meng goed met de andere ingrediënten

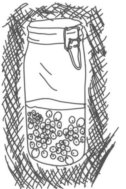

STAP 3
Zet de pot afgesloten weg op
een donkere plaats.
En schud regelmatig

STAP 4
Zeef het mengsel na de
aangegeven tijd door een
kaaslinnen doek, eventuele
overige ingrediënten toevoegen

STAP 5
Giet de likeur in goed
schoongemaakte flessen

58

PESTO MAKEN

EEN HEERLIJKE PESTO KAN EEN GERECHT MAKEN OF BREKEN. EN EEN HEERLIJKE PESTO IS NATUURLIJK EEN ZELFGEMAAKTE PESTO!

Van oorsprong is pesto een groen sausje van gemalen basilicumblaadjes, pijnboompitten, knoflook, Parmezaanse kaas en olijfolie, dat je koud serveert. Je koopt het in vele varianten in de winkel, maar zelfgemaakt blijft het toch het lekkerst. Tegenwoordig noemen we alles pesto, als het maar koud is, fijngemalen en voorzien van veel olijfolie. Je kunt allerlei kruiden gebruiken en combinaties verzinnen. Doe het naar eigen inzicht en gevoel, begin met weinig, proef en voeg zo nodig iets toe. Met een beetje fantasie kom je tot de verrassendste smaken.

VIJZEL

De gemakkelijkste manier om pesto te maken is alles in de blender te doen en daarna op smaak te brengen met peper en zout. Blender niet te lang, want dan kan het mengsel gaan schiften. Heb je de tijd en een zwak voor authentiek, dan gebruik je een vijzel met stamper. Doe daar alle ingrediënten behalve de olie en kaas in, en stampen maar. Als alle kruiden en pitten goed fijn zijn, kun je de olie toevoegen. Meng daarna de geraspte kaas erdoor. Doe de potjes helemaal vol met pesto en sluit ze af met een laagje olie voordat je de dop erop draait.

BENODIGDHEDEN:
- verse kruiden
- vijzel
- goede olie
- geraspte kaas
- pitten/noten

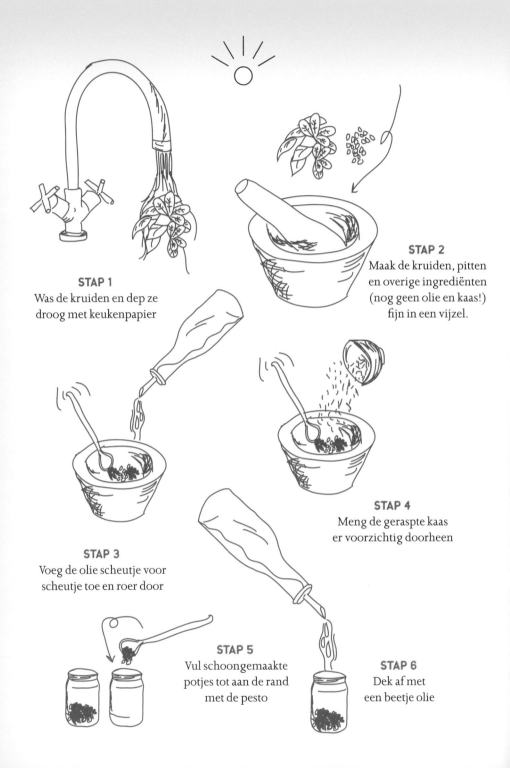

STAP 1
Was de kruiden en dep ze
droog met keukenpapier

STAP 2
Maak de kruiden, pitten
en overige ingrediënten
(nog geen olie en kaas!)
fijn in een vijzel.

STAP 3
Voeg de olie scheutje voor
scheutje toe en roer door

STAP 4
Meng de geraspte kaas
er voorzichtig doorheen

STAP 5
Vul schoongemaakte
potjes tot aan de rand
met de pesto

STAP 6
Dek af met
een beetje olie

GRAAN

GRAAN

Niet zo voor de hand liggend, maar leuk en ook mooi om naar te kijken is graan. Je hebt verschillende soorten winter- en zomergraan, zoals gerst, tarwe en rogge.

Het nadeel is dat graan heel veel ruimte nodig heeft. En na het oogsten ben je veel tijd kwijt met het dorsen en het kaf van het koren scheiden. Een leuk alternatief is quinoa, een pseudograan uit Zuid-Amerika dat zich de laatste tijd in flink wat belangstelling mag verheugen. Het is namelijk glutenvrij en zit bomvol voedingsstoffen. Bijkomstig voordeel voor moestuinierders is dat je aan een klein beetje quinoa genoeg hebt om een flinke opbrengst te krijgen. Je hoeft er dus niet je hele moestuin aan op te offeren. Daarbij is het supermakkelijk te telen. Het is namelijk eigenlijk een onkruid en zaait zichzelf gewoon uit. En last but not least: de vogels houden niet van quinoa, dus je hoeft niet in de weer met netten. Als de zaden rijp zijn (meestal in oktober) snij je de halmen los en hang je ze te drogen. Vervolgens rits je de korrels uit de halmen en zeef je de korrels zodat alle troepjes eruit verdwijnen. Je moet quinoa een aantal keren supergoed wassen omdat er een laagje om het graan zit dat naar zeepsop smaakt.

Je hóeft geen graan in je moestuin te telen. Je kunt zo hele zakken kopen bij een natuurwinkel of groothandel. Je hoeft het graan dan alleen maar tot meel te malen. Dat is beter en lekkerder dan kant en klaar meel kopen in de winkel. Direct na het malen vervliegen de waardevolle stoffen en de aroma's in de lucht. Hoe sneller je er brood van bakt, hoe lekkerder en gezonder het dus is.

Meel is niet zo lang houdbaar als graan. Als je graan bewaart op een koele (max 14 graden) en donkere plek, is het heel lang houdbaar. Meel kan hooguit een jaar mee, waarbij de kwaliteit steeds verder achteruit gaat. Voordeel van zelf malen is dat je zoveel kunt malen als je nodig hebt, dus in principe kun je altijd kakelverse meel gebruiken.

MAKE YOUR OWN MEEL

Je kunt vaak kiezen uit meerdere graansoorten. Tarwe, rogge, spelt en gerst bijvoorbeeld zijn veel voorkomende granen. Om er meel van te maken, kun je het met de hand malen, maar veel sneller en praktischer is het om een graanmolen te gebruiken. Op internet is er redelijk wat informatie over te vinden en er zijn diverse winkels waar je er eentje kunt kopen. De meeste keukenmachines hebben een graanmolen in hun accessoire-assortiment.

INGREDIËNTEN

- 500 gram van een graansoort naar keuze

WERKWIJZE:

Kieper de meelsoort die je hebt gekocht in de graanmolen. Stel de maaldikte in. Druk op de knop en laat de machine het werk doen. Na een paar minuten heb je meel met nog wat troepjes erin. Gebruik een zeef om de troepjes uit het meel te halen en je houdt schoon meel over waar je een broodje van kunt bakken. Als je schoon graan gebruikt, is er vrijwel geen verlies tijdens het malen en zeven.

BROOD BAKKEN

Een verse, warme, witte boterham waar de boter op smelt... wie kun je er niet wakker voor maken?

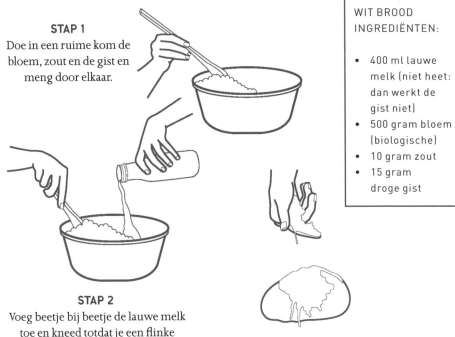

STAP 1

Doe in een ruime kom de bloem, zout en de gist en meng door elkaar.

WIT BROOD INGREDIËNTEN:

- 400 ml lauwe melk (niet heet: dan werkt de gist niet)
- 500 gram bloem (biologische)
- 10 gram zout
- 15 gram droge gist

STAP 2

Voeg beetje bij beetje de lauwe melk toe en kneed totdat je een flinke deegbal krijgt.

STAP 3

Als het deeg plakt, doe je er steeds een klein beetje bloem bij en kneed je het net zolang totdat het niet meer plakt.

STAP 4

Pak het deeg op en vouw en kneed het net zolang totdat het vanzelf van de handen loslaat. Dit kan wel een kwartier duren.

STAP 5
Laat het deeg zo'n 45 minuten rijzen.

STAP 6
Kneed het deeg weer door elkaar.

STAP 7
Rol het deeg op in de lengte van
het broodblik, of cakevorm.
Beboter de vorm, bestuif met
bloem, leg de deegrol erin.

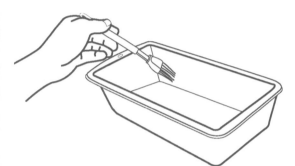

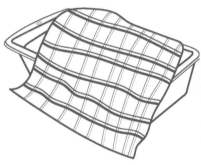

STAP 8
Maak een theedoek vochtig. Leg
hem over het deeg en laat het nog
eens een half uur rijzen.

STAP 9
Verwarm de oven voor op 220°C.
Schuif het brood in de oven (net onder
het midden, anders verbrandt de
bovenkant). Misschien moet 'ie er wel
een uur in blijven, in ieder geval totdat
de bovenkant mooi lichtbruin is.

STAP 10
Laat het brood een kwartier afkoelen en stort
het dan uit de vorm.

BIER BROUWEN

Je hebt maar vier grondstoffen nodig voor je eigen biertje: water, mout, hop en gist. En verder kraakheldere schone tonnen en vaten.

BENODIGDHEDEN:
- 50 liter water
- 25 kilo mout
- 500 gram hop
- gist

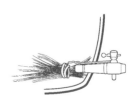

STAP 1

Breng 50 liter water aan de kook in een grote ketel

STAP 2

Maak een zeefje voor onder in het beslagvat. Dat doe je door een handvol hooi of stro aan elkaar te binden met een lang touw. Leg het op de bodem, bij het tapgat, en leid het touwtje er naar toe. Wurm het touwtje door het tapgat en sla er vervolgens een tapkraan in.

STAP 3

Als het water gekookt heeft, laat je het afkoelen tot 66 graden. Giet dan de helft in het beslagvat.

STAP 4

Doe er 25 kg mout* in en de rest van het water. Goed roeren. Leg een schone theedoek en deken over het vat heen. Laat het een nacht staan.
*Mout is te koop bij de drogist.

STAP 5

De volgende ochtend draai je je tapkraantje open en vang je de 'wort' zoals de vloeistof nu heet, op in een emmer.

STAP 6
Giet kokend water op het beslag. Ga daarmee door tot je 50 liter wort hebt afgetapt. (Het kokende water is nodig om de suikers verder op te lossen.)

STAP 7
Doe 500 gram hop in een schoon kussensloop en stop die in de wort. Kook dit een uur lang. Giet een gedeelte van de kokende wort in een pan die je snel laat afkoelen in ijskoud water. Is het 16 graden? Dan kun je er gist bij doen. Zet op het vuur en breng aan de kook. Giet de rest van de wort uit de emmer terug in het beslagvat.

STAP 8
Koel de wort zo snel mogelijk af door er emmers met ijskoud water in te laten zakken. Zorg ervoor dat je geen water knoeit. Is het 16 graden? Dan kun je er het pannetje met kokende wort plus gist bij gieten. Goed roeren en vervolgens afdekken met schoon laken en deken. Drie dagen laten staan bij een temperatuur van 16 graden.

STAP 9
Nu is het bier bijna klaar. Je moet alleen nog het schuim eraf kammen. Gebruik hiervoor bijvoorbeeld een schuimspaan. Na vijf tot acht dagen is de gisting gestopt en kun je het bier drinken. Je hoeft alleen maar een kannetje onder het tapvat te houden. Zorg er wel voor dat je het bezinksel niet weer laat oplossen, dus niet schudden aan de ton.

STA
PEL

de
DIEREN

Een paar dieren in je tuin is niet alleen heel gezellig, het levert je superveel op. Afhankelijk van of je kippen, koeien, varkens, schapen, geiten of ganzen houdt, heb je niet alleen je eigen vleesvoorziening op orde, maar heb je ook meteen bergen wol, bont, leer en/of veren.

In dit hoofdstuk vind je alles over:

DE VERZORGING VAN

- Kippen   74
- Varkens   83
- Schapen   89
- Geiten   106
- Bijen   118

MAKE YOUR OWN

- Mayonaise   78
- Kip slachten   80
- Worst   85
- Schaap scheren   92
- Wol spinnen   95
- Trui breien   100
- Geiten melken   108
- Geitenkaas   110
- Boter   112
- Yoghurt   114
- Honing   121

WELK DIER LEVERT WAT?

Een eigen veestapel is handig als je veel zelf wilt maken. Maar voordat je meteen naar een (pluim)veetentoonstelling rent, lees eerst even alle informatie over het houden van hobbydieren. En bedenk welke opbrengst je wilt: eieren, vlees, wol?

KIP

- eieren
- vlees

KOE

- vlees
- melk (en dus boter, kaas, yoghurt, karnemelk, slagroom, enzovoort)
- huid (leer)

VARKEN

- vlees
- huid
- haar (vooral geschikt voor kwasten)

SCHAAP

- vlees
- melk
- huid
- wol

GEIT

- vlees
- melk
- huid
- haar

KONIJN

- vlees
- vacht

GANS

- eieren
- vlees

OOK GOED OM TE WETEN:

- Schapen zijn goed voor de tuin. Met hun fijne poten trappen ze de grond goed aan. En ze bijten het gras lekker kort.

- Varkens eten alles. Plant of vlees, het maakt niet uit.

- Één paar konijnen is goed voor tweehonderd kilo vlees per jaar, want ze doen precies wat er van ze gezegd wordt.

- Ganzen zijn ook zeer goed bruikbaar als waakhond. Bij het minste of geringste slaan ze alarm door zeer luid te gakken. Wel even de buren waarschuwen…

- Een koe poept per dag zes emmers vol, een varken en een kalf ongeveer één emmer, een kip plast en poept tegelijk en vult daarmee een flinke theekop per dag. Al die mest kun je gebruiken om de grond in je tuin vruchtbaarder te maken. Of om je eigen gas mee te produceren (kijk in de keuken). Maar het kan ook teveel worden…

- Kippen, koeien, varkens, schapen, geiten, konijnen of ganzen die in beperkte aantallen en niet voor economische redenen worden gehouden, vallen volgens het Ministerie van Landbouw, Natuur en Voedselkwaliteit in de categorie hobbydieren.

Het houden daarvan is aan meer regels gebonden dan wanneer je een hond of een kat houdt. Voor hobbydieren gelden veel regels die ook voor professionele landbouhuisdieren gelden. Want jouw beesten lopen kans op dezelfde besmettelijke dierziekten. Denk aan varkenspest, mond- en klauwzeer, vogelpest of ander naars. Verder ben je volgens de (Europese) richtlijnen verplicht om je hobbydier te laten registreren. Kijk voor meer regels en wettelijke wetenswaardigheden op www.minlnv.nl onder 'dierenwelzijn.'

- Ook iets om vooraf even over na te denken: om je eigen vee te kunnen consumeren, zal er af en toe een dier dood moeten. En aangezien je (zo goed als) zelfvoorzienend bent, zul je daar zelf voor moeten opdraaien. Slachten dus. Het slechte nieuws is alleen dat thuis slachten in Nederland niet mag. Door de strengere regels naar aanleiding van de MKZ, BSE, varkenspest en vogelgriep sluiten ook steeds meer kleinere slachthuizen de deuren. Gelukkig zijn er wel verspreid over het land, verschillende soorten centrale slachthuizen. De meeste zijn gespecialiseerd in het slachten van een bepaalde diersoort.

74

KIPPEN

Als je nog nooit eerder boerderijdieren hebt gehouden, dan zijn kippen een goed begin. Ze kosten niet veel en na vier of vijf maanden gaan ze al eieren leggen.

Je kunt kippen houden voor vlees, goede mest en natuurlijk eieren. Maar kippen zijn ook fantastisch voor de grond. Ze spitten het om, pikken insecten eruit, eten slakken op en en passant bemesten ze de handel. Kippenstront is supergoed voor de grond. Kippen kunnen enorm goed recyclen. Ze zijn ideale gft- en tuinafvalverwerkers. Ze eten alle losliggende troep op; oude uitgebloeide planten en keukenafval. En er gaat niets boven een kakelvers eitje. Zelfs biologische eitjes zijn niet zo lekker als die van je eigen kip.

VERZORGING

Kippen hebben niet veel aandacht nodig. Een, twee korte bezoekjes per dag zou voldoende moeten zijn om ze gezond en fit te houden. Iedere ochtend geef je ze te eten en te drinken en maak je het nacht-hok open, zodat ze in de ren kunnen lopen. 's Avonds haal je de eieren uit het hok en geef je nog een beetje eten. Een beetje hen legt al snel zo'n 250 eieren per jaar, maar na twee jaar neemt de productie af. Je moet het kippenhok iedere week schoonmaken. Kippen zitten altijd op dezelfde stok en na een week is de bodem vies.

Een haan is niet nodig voor eieren, wel voor kuikentjes. Maar een haan maakt nogal wat herrie en je mag niet zo-maar in iedere gemeente een haan in je achtertuin rond laten lopen. Check dat even bij je gemeente. Kippen zijn trouwens ook niet geruisloos, ze kunnen behoorlijk wat geluid maken als ze een ei hebben gelegd.

Misschien dat je het niet wist, maar kip-pen kunnen vliegen. Als je niet wilt dat ze uit de ren vliegen, kun je ze kortwie-ken; je knipt de laatste zes veren van een vleugel af. Dat doet geen pijn, het voelt hetzelfde als nagels knippen, zeggen ze. Na de rui groeien de veren gewoon weer aan, zodat je na de rui de vleugels weer moet kortwieken.

In de herfst gaat de kip in de rui. Ze legt dan meestal geen eieren meer, omdat ze al haar energie nodig heeft om nieuwe veren te maken. In de winter leggen kippen ook minder eieren omdat er dan minder zon is en ze zon nodig hebben voor de eierproductie. Je kunt een lamp in het hok ophangen om zo de productie wat op te voeren. Je kunt de kippen ook een beetje rust gunnen.

STAPPEN VOOR HET KORTWIEKEN VAN KIPPEN

STAP 1
Pak de kip en spreid één vleugel uit.

STAP 2
Knip de zes langste pennen kort af

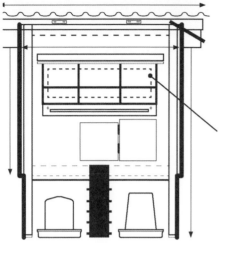

kant en klare hokken met ren eraan vast kopen. Kippen houden ervan om vrij rond te lopen en van alles te ontdekken. Als je besluit ze vrij door je tuin te laten lopen, bedenk dan dat ze alles, maar dan ook echt alles kapot pikken.

KIPPENHOK

Kippen hebben een nachthok en een ren nodig. Voor het nachthok moet je ongeveer 2 vierkante meter rekenen voor 2 of 3 kippen. Het nachthok is meteen de plek om rustig een ei te leggen. In een kippenhok zit een stok, waar de kippen op kunnen slapen. Kippen nemen stofbaden om gezond te blijven. Strooi daarom zand op de bodem van het hok. Het hok moet goed te ventileren zijn en zorg dat je het 's nachts kunt afsluiten. Ratten en vossen houden namelijk ook van een kippetje op z'n tijd. Handig als je er makkelijk bij kunt om eieren te rapen en schoon te maken. Zet het kippenhok met ren op een zonnige plek, kippen hebben zoals gezegd zonlicht nodig om eieren te leggen.

Kippen hebben naast een hok een vrije uitloop nodig, de ren. Die kun je zelf maken, overdekt of gewoon als omheining. Je kunt bij het tuincentrum vaak

VOER

Ververs water en voer van de kippen iedere dag. Koop speciale kippenvoeding (gemengd graan) bij het tuincentrum of in de dierenwinkel. Strooi aan het eind van de middag een handje voer per kip in het hok of de ren. Naast kippenvoer hebben je eileveranciers nog legkorrels nodig, zorg dat die er altijd voldoende staan. Legkorrels bevatten alle bouwstoffen (granen, vitamines en kalk) die de kip nodig heeft om goede eieren te leggen en te zorgen dat ze niet broeds worden. Er bestaat overigens ook voer dat bestaat uit gemengd graan én legkorrels. Tot slot houden kippen ook van groenvoer. Wat gft-afval of gras bijvoorbeeld. Geef niet te veel, dat krijgen ze niet op en dan gaan de resten rotten.

EIEREN

Om mooie eieren te leggen, hebben kippen ook een bakje grit nodig. Grit bestaat uit gemalen kalk en steentjes. Die steentjes zijn nodig om de zaden te malen in de maag. De kalk is voor een goede en harde eierschaal. Kippen leggen ongeveer zes keer in de week een ei en hebben een winterstop. Raap de eieren iedere dag, anders worden de kippen broeds. Dan gaan ze op de eieren zitten en komen ze er maar één keer per dag vanaf. Je kunt kippen laten bevruchten door een haan, na 21 dagen komen er dan kuikentjes uit de eieren.

Leg vaak nieuw stro in het hok, dan zijn de eieren wat schoner. Was ze in warm water als je ze wilt gaan eten. Verse eieren zijn in een kartonnen doosje in de onderste la van de koelkast wel 4 weken houdbaar. Schrijf de datum op de eieren voordat je ze in de koelkast legt. Soms heb je geen idee hoelang een ei al in het hok lag voordat je 'm raapte. Doe dan de koudwater truc: leg het ei in een pan koud water. Als het vers is, zinkt het naar de bodem. In verse eieren zit geen lucht. Blijft het ei drijven, dan is het te oud om te eten.

MAKE YOUR OWN MAYONAISE

INGREDIËNTEN

- *1 eigeel, op kamertemperatuur*
- *1 theelepel Dijon mosterd*
- *1 theelepel citroensap*
- *± 100 ml zonnebloemolie of maïskiemolie*

WERKWIJZE:

Splits het ei in eiwit en eigeel. Doe het eigeel in een kom, knijp de citroen uit boven de kom en klop het met de mixer los met de mosterd, zout en peper. Giet dan heel voorzichtig de olie erbij. Blijf constant doorkloppen. Giet er niet meteen teveel bij maar wacht steeds tot de druppel is opgenomen. Zodra het iets lichter van kleur wordt en iets dikker, kun je de olie in een straaltje toevoegen. Blijf ongeveer 5 minuten flink doorkloppen, totdat het een mooie consistentie heeft. Proef of er nog zout en peper bij moet. Zelfgemaakte mayonaise is ongeveer een week houdbaar in de koelkast.

KUIKENTJES

Je hoeft natuurlijk geen volwassen kippen te kopen, je kunt ook kuikentjes kopen en zelf groot brengen. De eerste maanden moeten ze in een warme ruimte gehouden worden, in je huis dus, of in de garage als het daar warm genoeg is. Een grote kist met zaagsel en een 60 watt lamp erboven is lekker warm voor de kleintjes. De eerste weken moet het wel 35 graden C zijn. Gebruik liever een plastic kist dan een kartonnen doos om ze in te houden, plastic maak je wat makkelijker schoon.

Na een maand kun je de kuikentjes verhuizen naar een groter verblijf en de temperatuur wat verlagen naar 24 graden. Vanaf dan kun je de temperatuur iedere week met 5 graden verlagen tot het net zo warm is als buiten. Hou de temperatuur in de doos in de gaten met een thermometer. De kuikentjes zelf laten je ook zien of het de goede temperatuur is: is het te koud dan gaan ze rillen, is het te warm, dan zitten ze in een hoekje van de doos, zover mogelijk bij de lamp vandaan. Zorg ervoor dat de kuikentjes altijd bij het water en het voer kunnen. Er bestaat speciaal kuikentjesvoer dat je kunt gebruiken.

Als de kuikentjes 20 tot 24 weken oud zijn, beginnen ze met eieren leggen. Eerst nog wat onregelmatig, maar na zo'n 30 weken leggen de meeste kippen 2 eieren in 3 dagen. In haar eerste jaar legt een beetje kip zo'n 240 eieren, in haar tweede jaar 200 tot 220 eieren. Daarna wordt de productie al snel minder. Kippen worden meestal niet ouder dan 6 jaar.

GESCHIKTE KIPPEN

Krielkippen zijn leuk. Goede legkippen zijn bijvoorbeeld Barnevelders of de Witte Leghorn.

STAPPEN VOOR KIPPEN HOUDEN

STAP 1
Inventariseer de ruimte in je tuin. Koop of maak een hok, een vrije uitloop en zorg dat er beschutting is voor de kippen.

STAP 2
Schaf al de soorten voer aan.

STAP 3
Koop de kippen.

STAP 4
Zet ze in hun nieuwe onderkomen. Let op, de kip moet even wennen aan zijn nieuwe huis, dus in het begin zal hij minder en kleinere eieren leggen.

STAP 4:
Geef ze genoeg te eten en iedere dag een beetje gft-afval of etensresten (aardappel, stukje brood). Let op dat er niks blijft liggen, in verband met ratten en muizen.

KIP SLACHTEN

VOORDAT JE ZO'N MOOI STUKJE KIPFILET HEBT, ZOALS IN DE WINKEL, MOET ER WEL HET ÉÉN EN ANDER GEBEUREN. HEB JE GEEN STERKE MAAG, DAN ADVISEREN WE JE OM ZO'N KIPFILETJE TOCH MAAR GEWOON TE KOPEN...

1 Als eerste moet de kip dood. Dat kun je doen door z'n nek om te draaien. Daarvoor pak je de poten in je linkerhand beet, en de nek in je rechterhand. Zorg ervoor dat je de kop van de kip achter je palm zit. (Zie illustratie). Duw met je rechterhand naar beneden terwijl je tegelijkertijd de kop achterover drukt. Als het goed is, breken nu de nekwervels. En dat is ook het moment om te stoppen anders trek je de hele kop eraf. Je kunt er ook voor kiezen de kip eerst een fikse mep te verkopen met de achterkant van een bijl. De kip is dan bewusteloos. Dan hak je met de bijl de kop eraf en hangt de kip op haar kop, zodat het bloed kan uitlekken.

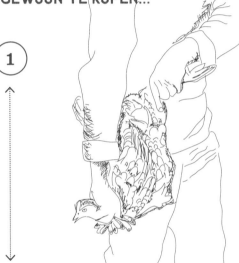

2 Je plukt de kip het beste als zij nog warm is. Niks moeilijks aan, gewoon de veren eruit trekken. Handig is ook om de kip eerst in een badje gloeiend heet water te leggen. Kijk wel uit dat je niet je handen verbrandt als je gaat plukken.

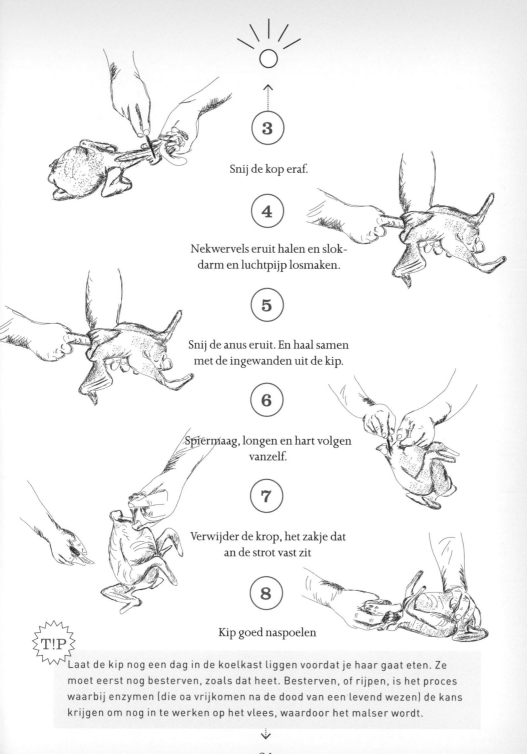

3

Snij de kop eraf.

4

Nekwervels eruit halen en slok-
darm en luchtpijp losmaken.

5

Snij de anus eruit. En haal samen
met de ingewanden uit de kip.

6

Spiermaag, longen en hart volgen
vanzelf.

7

Verwijder de krop, het zakje dat
an de strot vast zit

8

Kip goed naspoelen

T!P

Laat de kip nog een dag in de koelkast liggen voordat je haar gaat eten. Ze moet eerst nog besterven, zoals dat heet. Besterven, of rijpen, is het proces waarbij enzymen (die oa vrijkomen na de dood van een levend wezen) de kans krijgen om nog in te werken op het vlees, waardoor het malser wordt.

82

VARKEN

Een varkentje is een lief en aanhankelijk dier. Dat wil zeggen: hij kan met de juiste opvoeding en omstandigheden uitgroeien tot een lief en aanhankelijk dier. Maar zeker niet iedereen is geschikt als varkenshoeder en niet iedere plek is geschikt om een varken te houden.

VERZORGING

Een goed opgevoed varkentje is een lief en aanhankelijk dier dat steeds je gezelligheid opzoekt. Je kunt hem veel leren, een varken is erg intelligent. Een varken kan 15 tot 20 jaar oud worden. Omdat de meeste varkens worden geslacht voordat ze oud worden, zijn er overigens niet veel dierenartsen die weten hoe ze een ouder varken moeten behandelen, mocht er iets met je varken aan de hand zijn.

VERZORGING

Een varken is een kuddedier, dus je moet er altijd meer dan één houden. Een volwassen varken kan wel 400 kilo zwaar worden. En vergis je niet: ook een hangbuikzwijntje wordt zwaar, hij kan meer dan 120 kilo gaan wegen! Varkens hebben flink wat leefruimte nodig en hebben zeker niet genoeg aan een hok alleen. Een flinke buitenruimte van minstens 150 m2 per dier is echt geen overbodige luxe.
Een varken heeft veel verzorging nodig: je moet twee keer per jaar z'n hoefjes (laten) knippen, hij moet regelmatig ontwormd worden en inentingen krijgen. Hij wil het liefst op vaste tijden worden gevoerd, altijd vers drinkwater hebben en z'n huid ingesmeerd krijgen met uierzalf. En hij vindt 't heerlijk om over z'n buikje geaaid te worden.

ETEN

Je mag een varken nooit vlees of vleesresten voeren. Je zou dan de varkenspest kunnen verspreiden. Het beste kun je speciaal varkensvoer kopen, maar brood, wortels, muesli en groente afval vinden varkens ook heerlijk.

HOK

Een varken moet in een tochtvrij hok kunnen schuilen tegen kou en warmte. Hij heeft geen zweetklieren en daarom snel last van de hitte. Varkens met een lichte huid kunnen daarnaast ook nog eens makkelijk verbranden en kunnen dus het beste in de schaduw liggen. Een varken moet een plek hebben om z'n behoefte te kunnen doen: het is een zindelijk dier. Hij moet vrij buiten kunnen rondlopen, alleen binnen zijn is niet goed voor hem. Hij moet kunnen wroeten en snuffelen en door de modder rollen. Hij kan uitstekend zwemmen, dus een zwembadje in de tuin is ook heerlijk voor 'm.

84

WORST

WORST MAKEN

EEN WORST IS NIET MEER, MAAR ZEKER OOK NIET MINDER, DAN EEN STUK DARM GEVULD MET GEMALEN VLEES. EN MET DE JUISTE INGREDIËNTEN MAAK JE DIE GEWOON ZELF.

Wat je nodig hebt is een flinke hoeveelheid vet vlees (van een beest naar keuze), een vleesmolen en een paar meter (varkens)darmen. Die kun je uit je eigen varken halen. Slagers die zelf worst maken, verkopen ze soms ook. En anders kun je terecht bij de Nederlandse Darmenhandel in Almere. Die leveren ook aan particulieren. Je moet de darmen alleen wel zelf in Almere ophalen (www.cth.nl).

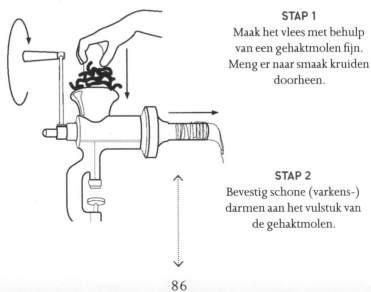

STAP 1
Maak het vlees met behulp van een gehaktmolen fijn. Meng er naar smaak kruiden doorheen.

STAP 2
Bevestig schone (varkens-) darmen aan het vulstuk van de gehaktmolen.

STAP 3
Duw het gehakt door het vulstuk zo de darmen in.

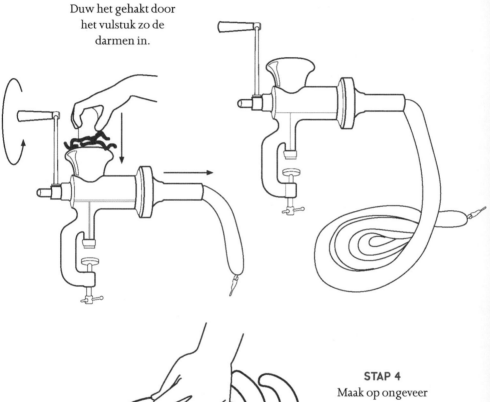

STAP 4
Maak op ongeveer gelijke afstanden knopen, zodat er kleinere worsten ontstaan.

T!P
Overweeg je serieus om worst te gaan maken? Dan moet je zeker even op www.worstlog.com kijken. Een must voor elke (beginnende) worstmaker. Foto's van het maakproces, recepten voor diverse soorten worst, informatie over hoe je een worst rookt en andere handige tips, trucs en worstweetjes.

DE DIEREN

SCHAAP

Schapen houden is best makkelijk. Dat wil zeggen: ze eten alles en stellen weinig eisen aan hun hok. Voor de verzorging van een schaap moet je wel wat uurtjes uittrekken. En daarnaast zijn schapen kuddedieren, dus je moet er wel meer dan één houden, aangezien ze pas gelukkig zijn tussen soortgenoten. Een beetje grote tuin is dus een must. Ben je vooral uit op de wol en melk van een schaap, dan hebben we goed nieuws: je kunt melk en wol van een schaap kopen bij een schapenboerderij.

Voor het geval je toch echt zelf een paar schapen in je achtertuin wilt, vertellen we het één en ander over de verzorging. Wil je dan nog steeds overgaan tot de aanschaf van een schaap, laat je dan goed voorlichten. Door bijvoorbeeld diezelfde schapenboerderij.

VERZORGING

Een schaap levert wol, vlees, melk en gezelligheid. En hij maakt een gras-maaier overbodig. Melk van een schaap is ook nog eens supergezond.

VERZORGING

Een schaap heeft redelijk wat verzorging nodig. Vooral zijn hoeven moeten vaak gecontroleerd worden. Als de schapen op gras lopen, moeten de hoeven geknipt worden, zodat ze niet te ver doorgroeien. Laat een dierenarts je adviseren over wanneer en hoe je dat het beste kunt doen. Je moet schapen een aantal keer per jaar ontwormen, afhankelijk van de weides waarop ze kunnen lopen. Ze eten namelijk op dezelfde plekken als waar ze poepen en daar krijgen ze dus wormen van. Kunnen schapen steeds naar schone weides, dan hoef je niet zo vaak te ontwormen. Heb je niet zoveel ruimte tot je beschikking dan zul je van april tot en met oktober (als de schapen buiten lopen) om de acht weken moeten ontwormen. Het beste kun je met de dierenarts overleggen welk middel je kunt gebruiken en in welke hoeveelheid.

SCHEREN

Een schaap dat een dikke vacht heeft, loopt soms rond met wel 3 tot 5 kg wol. Die moet ervanaf. Het wordt anders te warm, en in de vacht kunnen parasieten en luizen gaan zitten waar het schaap last van heeft. De dikke vacht van een schaap wordt er meestal in mei of juni afgehaald. Een schaap scheren is best moeilijk, op pagina 92 kun je zien wat de bedoeling is. Lijkt het je te ingewikkeld? Gelukkig kun je professionele schaapscheerders inhuren om het voor jou te doen. Het scheren gaat het makkelijkst als het een paar dagen achter elkaar droog weer is geweest. En je mag de schapen 24 uur lang geen voer geven. Anders zitten de magen vol, terwijl het schaap op z'n zij en rug wordt gelegd om geschoren te worden. Dat kan darmafsluiting veroorzaken. Na het scheren moeten de schapen bij kunnen komen op een beschutte plek. Ze zijn nog eventjes gevoelig voor kou en zonnebrand met dat dunne zomervachtje.

MELKEN

Een schaap moet je twee keer per dag melken. Tijdens het melken kun je meteen de gezondheid van de uier en het schaap controleren. Ziet de uier er nog goed uit? Zitten er geen wondjes? Maak je niet druk als er wat woldeeltjes in de melk terechtkomen. Volgens sommige mensen zorgt dat juist voor lekkere schapenkaas-smaak. Maar als er teveel troep in de melk zit mislukt de kaas. Mocht er veel wol rond de uier zitten, dan is het beter om wat weg te knippen.

Een schaap melken doe je het hetzelfde

als dat je een geit melkt, zie pagina 108. Je kunt de melk met duim en wijsvinger uit de spenen trekken, dat heet strippen. Of je duwt de melk met volle hand uit de spenen, zoals we je leren in de workshop geitenmelken op pagina 108. De laatste methode is iets beter, omdat je dan minder snel het weefsel van de tepel beschadigt. Je kunt tepel voor tepel melken, of twee tepels tegelijkertijd, dat maakt niks uit. Altijd met kortgeknipte nagels melken, zodat je de uiers niet kunt beschadigen.

Zelf schapenkaas maken is even een klusje, maar wel een superleuk klusje. Het werkt hetzelfde als geitenkaas maken, zie pagina 110.

ETEN

Een schaap heeft 4 magen. De pens, netmaag en boekmaag zijn de voormagen, de lebmaag is de plek waar het voedsel wordt verteerd.

Schapen eten gras en hooi, blaadjes en takjes. Bij alles wat je ze geeft, moet je opletten dat er geen giftige planten tussen zitten zoals Jacobs kruid of taxus. Andere giftige planten voor schapen zijn: Adelaarsvaren, bereklauw, eikels, gevlekte scheerling, goudenregen, hedera (klimop), laurierkers, nachtschade, pieris japonica, rododendron, sint-janskruid, vingerhoedskruid en wolfsmelk. Schapen kunnen zelfs doodgaan aan het eten van deze planten. Brood en groente-afval zijn prima om aan de schapen geven. Schapenbrokken zijn alleen nodig als een schaap in verwachting is, of in erg slechte conditie. Een mineraalblok is een goed idee

en natuurlijk ververs je iedere dag het drinkwater.

HOK

Schapen kunnen goed tegen kou en nattigheid. Ze hebben immers een lekkere wollen vacht. Zorg ervoor dat er voldoende ventilatie is in de stal en dat je de schapen met een droge vacht in de stal laat staan. Als de vacht nat is, dampen ze nog heel lang na. Dat houdt de stal vochtig en daar kunnen schapen onder andere longontsteking door oplopen.

SOORTEN SCHAPEN

Er zijn veel soorten schapen, allemaal met hun eigen specifieke kenmerken. Er zijn schapen die heel speciale wol leveren, weer andere rassen worden gehouden om hun schapenvlees of -melk. Er zijn ook rassen die juist gehouden worden om bijvoorbeeld de heide te begrazen. Zorg ervoor dat je alle informatie hebt over het ras en over de verzorging van het ras wat je op het oog hebt, voordat je de schapen koopt.

SCHAPEN SCHEREN

VROEGER WERDEN SCHAPEN GESCHOREN MET EEN SCHAPEN-SCHAAR. NU NIET MEER, OMDAT HET MET DE SCHEERMACHINE VEEL SNELLER GAAT. MAAR OOK MET EEN SCHEERMACHINE IS HET SCHEREN NIET EENVOUDIG. HET BESTE IS DE EERSTE KEER BIJ EEN ERVAREN SCHEERDER 'STAGE TE LOPEN', OF EEN ECHTE CURSUS TE VOLGEN. EVEN GOOGELEN EN JE VINDT ER VAST WEL EEN BIJ JOU IN DE BUURT.

STAP 1
Het makkelijkste is om het dier op de zij te leggen en met een knie op de hals het beest in bedwang te houden (eventueel kan iemand assisteren en de poten vasthouden. Je kunt de poten ook vastbinden. Maar vasthouden of -binden is niet per se nodig.)

STAP 2
Scheer als eerste de staart, dan vanaf de onderkant, van de achterpoot naar voren en zo ver mogelijk de ruggegraat over.

STAP3

Daarna haal je je knie van de hals en til je
de kop op (tot de schouder net los is van de
grond) en scheer je met de kop in de hand de
andere zijde van de hals en de schouder voor
zover bereikbaar.

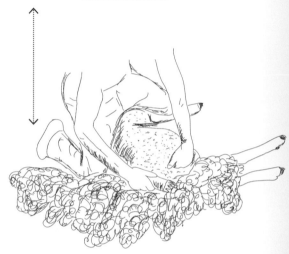

STAP 4

Schaap draaien, knie weer op de hals, en de
andere zijde scheren van voor naar achter.

STAP 5

Als laatste het schaap op de kont
zetten, de buik scheren en de
klauwtjes bijsnijden.

T!P

Zorg voor ontsmettingsmiddel (spuitbus met blauw spul),
want je maakt erg makkelijk een hapje in een schaap.

T!P

Vooral niet vergeten het scheerapparaat te smeren! Neem een bakje dieselolie
waarin je het apparaat even in doopt en daarna wat naaimachineolie over het mes.

WOL SPINNEN

Een schaap levert zo'n 5 kilo vacht. Dat is een echt schapenvachtje met allemaal troep er nog in. Daar kun je dus niet zomaar mee gaan spinnen. Je begint met het karen van de wol. Je duwt de wol tussen de haartje van de reuzenborstel. Als je de wol hebt afgerold, kun je beginnen met spinnen. Je kunt deze stap ook overslaan en gewassen lontwol kopen.

WOL SPINNEN

VAN EEN VACHTJE WOL MAKEN, HEEFT IETS MAGISCH. EN SUPERMOEILIJK IS HET NOU OOK WEER NIET. GEWOON EEN BEETJE OEFENEN.

De eerste opzetsteek is een simpele lus die je met je vingers maakt.

1

2

Leid de begindraad die aan de klos zit, via het achterste haakje door het gat van de spil, en haal je, met de hand uitgetrokken, woldraadje hier doorheen.

De linkerhand is je spinhand. De rechterhand houdt de wol vast en leidt de wol. Dit is de meest ideale spinhouding: de linkerhand, dicht bij het spinnenwiel, geleidt de draad: de rechter houdt de wol vast boven het rechter been. Zouden we met de rechterhand spinnen, dan moet het bovenlichaam een draaiing maken, die op den duur vermoeiend werkt.

3

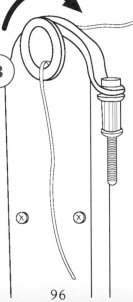

4

Zorg dat je wiel naar rechts draait en houd de draad zoveel mogelijk onder spanning. Als de draad niet snel genoeg opklost, en de wol gaat kringelen, dan kun je je leertje iets aandraaien. Als de wol te hard trekt kun je hem iets losser draaien. (Niet alle modellen zijn gelijk, het kan dus best zijn dat op je eigen spinnenwiel een ander mechanisme hiervoor aanwezig is).

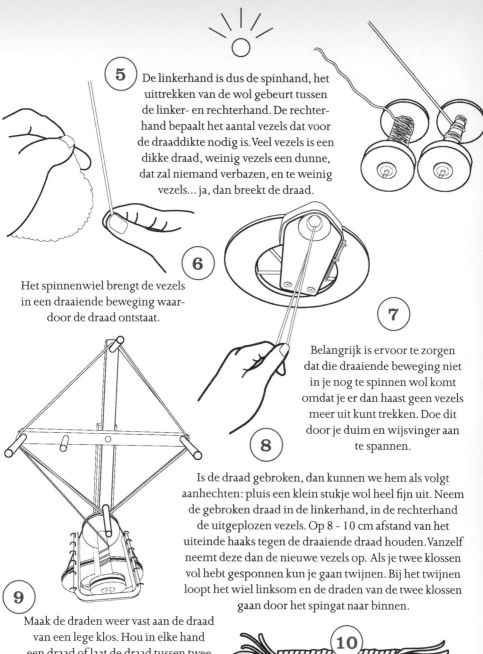

5 De linkerhand is dus de spinhand, het uittrekken van de wol gebeurt tussen de linker- en rechterhand. De rechterhand bepaalt het aantal vezels dat voor de draaddikte nodig is. Veel vezels is een dikke draad, weinig vezels een dunne, dat zal niemand verbazen, en te weinig vezels... ja, dan breekt de draad.

6 Het spinnenwiel brengt de vezels in een draaiende beweging waardoor de draad ontstaat.

7 Belangrijk is ervoor te zorgen dat die draaiende beweging niet in je nog te spinnen wol komt omdat je er dan haast geen vezels meer uit kunt trekken. Doe dit door je duim en wijsvinger aan te spannen.

8 Is de draad gebroken, dan kunnen we hem als volgt aanhechten: pluis een klein stukje wol heel fijn uit. Neem de gebroken draad in de linkerhand, in de rechterhand de uitgeplozen vezels. Op 8 - 10 cm afstand van het uiteinde haaks tegen de draaiende draad houden. Vanzelf neemt deze dan de nieuwe vezels op. Als je twee klossen vol hebt gesponnen kun je gaan twijnen. Bij het twijnen loopt het wiel linksom en de draden van de twee klossen gaan door het spingat naar binnen.

9 Maak de draden weer vast aan de draad van een lege klos. Hou in elke hand een draad of laat de draad tussen twee verschillende vingers glijden en laat hem nu zoveel opdraaien als je denkt dat nodig is. Als de klos vol is, of de wol is op, wordt de wol gehaspeld.

10 Dan afbinden, wassen en laten drogen. Niet in de zon en niet op de verwarming.

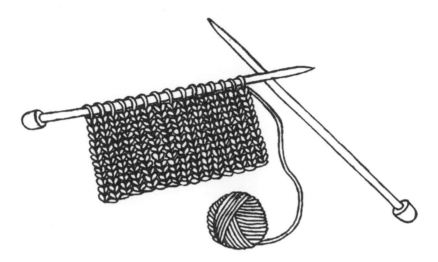

BREIEN

Breien is echt niet zo moeilijk. Wat heb je nodig? Twee breinaalden, een knot wol en wat doorzettingsvermogen. Je gaat zitten, steekt een breinaald onder je arm, onder je oksel eigenlijk, zet 'm klem met je arm en pakt het uiteinde van de draad uit de knot wol. Lees de werkbeschrijving van wat je wilt maken, en kijk hoeveel steken je op moet zetten. Trek een flink stuk draad uit de knot, uiteindelijk heb je drie keer de breedte van het ding dat je wilt gaan maken, nodig. Voor een trui heb je bijvoorbeeld zeker wel zo'n 2 meter nodig.

TECHNIEK BREIEN

BREIEN LIJKT MOEILIJKER DAN HET IS. ECHT. PAK TWEE BREIPENNEN EN WOL EN BEGIN.

DE RECHTE STEEK

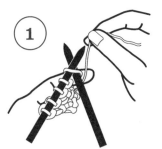

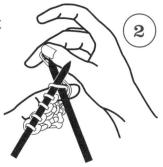

Je pakt de pen met de opzetsteken in je linkerhand en de andere pen in de rechterhand (als je rechtshandig bent). Je steekt de rechternaald in de eerste lus op de pen, onder de andere pen

Pak de draad en sla 'm om de rechternaald

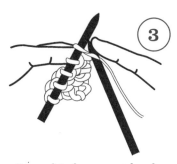

Dan trek je de pen met draad en al door de lus

en trekt 'm weer van de linkerpen af.

Tadaa: je hebt je eerste steek gebreid. Die zit nu op de rechterpen. En zie je dat het riedeltje klopt: insteken, omslaan, doorhalen, afglijden. Je gaat gewoon zo door en op een gegeven moment zitten alle steken op de rechterpen. Dan heb je een 'toer' gebreid. Gefeliciteerd.

AVERECHT

Zorg ervoor dat de draad voor de rechternaald zit. Links zitten weer alle opzetsteken. Je steekt de rechternaald van onder naar boven in de 1e lus -of opzetsteek-. Eigenlijk achterlangs dus.

Sla de draad om de pen voor de lus langs

Dan trek je de rechternaald met de punt door de lus heen. En dan laat je de steek weer afglijden op de rechternaald.

Voilà: je eerste averechte steek. Volhouden en dan zitten alle steken op de rechternaald en heb je een toer gebreid.

BOORDSTEEK

Een boordsteek gebruik je –de naam zegt t al- als boord bij een truitje. Het is een afwisseling van de rechte en averechte steek. Het is handig als boordje omdat het goed uitrekt. Je kunt 1 steek recht breien en dan 1 steek averecht, maar ook heel mooi is het als je steeds 2 rechte steken breit, en dan 2 averechte, of 3.

AFKANTEN

Als je klaar bent met je gebreide lap kun je niet zo de naalden eruit trekken natuurlijk. Eerst moet je afkanten. Dat doe je door de eerste twee steken van de linkernaald recht te breien. Dan pak je met de linkernaald de rechtersteek die op de rechternaald zit en die trek je over de linkernaald heen; het zogenoemde 'overhalen.' Ben je bij de laatste lus, knip

het draadje dan af op zo'n 15 cm van de lus, en haal 'm door de lus.

MEERDEREN EN MINDEREN

Bij de meeste patronen heb je geen rechte lap nodig, maar moet het taps toelopen, of een bepaald figuur krijgen. Omdat je in breiwerk niet kunt knippen, moet je die vorm er dus inbreien. Dat doe door er op een gegeven moment meer steken erbij te breien of er juist steken eraf te halen; meerderen en minderen noem je dat. Het is heel simpel: heb je minder steken nodig dan brei je twee lussen als ware het er 1. Heb je meer steken nodig, dan brei je eerst een steek recht, maar laat je 'm niet afglijden. Dan brei je diezelfde steek averecht en die laat je wel afglijden. Dan heb je 2 steken gemaakt uit 1 steek. Probeer het maar eens.

MAKE YOUR OWN TRUI

EN DAN NU: EEN TRUI BREIEN! WE HEBBEN EEN PATROON GEMAAKT VOOR IEMAND MET MAAT 38-40.

STEKENVERHOUDING

22 st. en 30 nld. met nld. 3½ = 10 x 10 cm. Maak een proeflapje. Je moet dan dus met 22 steken op een naald en 30 naalden of toeren lang breien. Je lapje moet dan 10 x 10 cm zijn. Zo niet: gebruik dunnere of dikkere naalden.

BOORDSTEEK

2 steken recht en dan 2 steken averecht.

TRICOTSTEEK

1 hele naald recht, en 1 hele naald averecht.

BENODIGDHEDEN:
- wol
- breinaalden
- schaar

T!P

St= steken
Nld= naalden of een toer

- *naalddikte: 3½*

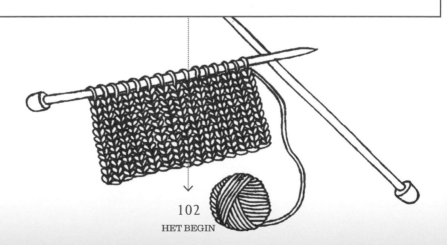

RUGPAND:

Zet 110 steken op met nld. 3½ en brei 8 cm boordsteek (dus 2 steken recht en 2 steken averecht). Brei verder in tricotsteek, dus 1 naald recht en 1 naald averecht. Je bent klaar als de totale hoogte 58 cm is. Je kunt dan afkanten. We maken geen aparte halslijn, maar laten straks gewoon de halsopening open.

VOORPAND:

Maak het voorpand net zoals het rugpand, dus zet 110 steken op en ga afkanten als je op een hoogte van 58 cm zit.

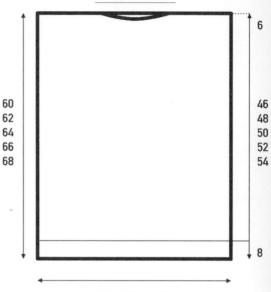

16-17-18-19-20

6

60
62
64
66
68

46
48
50
52
54

8

50-54-58-62-66

50-52-54-56-58

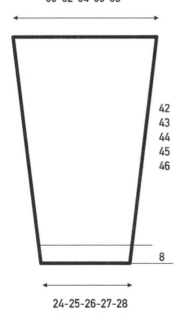

42
43
44
45
46

8

24-25-26-27-28

MOUWEN:

Zet 56 steken op met nld. 3½ en brei 8 cm. boordsteek van 2 recht en 2 averecht, brei verder in tricotsteek. Meerder aan weerszijden van elke 4e nld. 29 maal 1 st. tot er 114 steken op 1 naald zitten. Kant bij een totale lengte van 51 cm. alle steken in een keer af.

AFWERKING:

Sluit de schouders. Dat doe je door een stompe naald te gebruiken met de wol die je ook voor het breien hebt gebruikt. Je legt de verkeerde kanten op elkaar en naait een mooi steekje aan de bovenkant. Laat zoveel ruimte vrij als je de halsopening wijd wilt. Zet de mouwen aan de panden. Sluit de zij- en mouwnaden.

GEITEN

Een geitje in je achtertuin houden is niet zo maar wat. Een geit vraagt behoorlijk veel aandacht. Heb je een geit voor haar melk, hou er dan rekening mee dat je haar twee keer per dag moet melken. Voordat je een geit aanschaft, is het goed om met mensen te praten die geiten houden, zodat je weet waar je aan begint. Ben je vooral uit op een geitje vanwege de melk, dan zijn er makkelijkere manieren om aan geitenmelk te komen. Neem bijvoorbeeld eens contact op met een geitenboerderij. Je kunt er zo verse geitenmelk en -kaas kopen. Hoewel je die geitenkaas natuurlijk ook zelf kunt maken. En da's veel leuker.

VERZORGING

Er zijn weinig dieren zo grappig en gezellig als een geit. Een geit kan zo sociaal zijn als een hondje, helemaal als 'ie is grootgebracht door mensen. Geitjes zijn vriendelijk en lief. Tenminste, als je ze niet probeert iets te laten doen waar ze geen zin in hebben… Geitenmelk is lekker, supergezond, veel makkelijker te verteren dan koeienmelk en je kunt er boter en kaas van maken. En geitjes houden je gras lekker kort.

VERZORGING

Zoals we al zeiden: geitjes vragen behoorlijk wat aandacht. Ze hebben een hok nodig, dagelijks eten en drinken en veel bewegingsruimte. Een klein stadstuintje is echt te klein voor een beetje geit. Zelfs een dwerggeitje moet kunnen rennen op een flink aantal vierkante meters. Voor een dwerggeitje moet je rekenen op een minimum van 50 vierkante meter.

Geiten moeten twee keer per dag worden gemolken: 's ochtends en 's avonds. Alles bij elkaar opgeteld (opruimen en schoonmaken van het geitenhok en voeren meegerekend) moet je rekenen op twee-en-een-half uur geitenverzorging per dag. Spontaan een weekendje ertussenuit kan niet meer als je een geitje hebt. Zorg ervoor dat de geitenoppas weet wat hij of zij moet doen.

ETEN

Geiten lusten niet alles. Wel lekker vinden ze allerlei soorten planten, hooi en granen. Ook alfafa gaat erin als koek. Aan alleen gras hebben ze niet genoeg. In de lente en zomer geef je ze 's ochtends wat hooi en in de herfst en winter minstens twee keer per dag. Ze moeten altijd genoeg water hebben.

GEITENHOK

Geiten haten nattigheid. Ze moeten kunnen schuilen tegen wind, regen, zon, hagel en sneeuw. Niet zo gek, een natte geit kan longontsteking krijgen en daaraan doodgaan. Zorg daarom dat het hok waterdicht is en dat er genoeg stro en zaagsel in ligt om urine in op te vangen. De vloer van het hok moet van beton of aarde zijn. Als de bodem van hout is, zorg er dan voor dat je heel regelmatig de boel verschoont, anders gaan er bacteriën in het hout zitten. Een geitenhok voor één geitje moet minimaal vijf vierkante meter zijn.

Zorg ervoor dat de deur van het geitenverblijf goed dicht kan. Geiten staan bekend om hun Houdini-verdwijn-trucs, even niet goed opgelet en ze zijn 'm gepeerd. Klimmen vinden ze te gek, dus leg wat oude boomstammen neer. Denk eraan dat alles waar de geit bij kan, opgegeten zal worden. Niet heel handig om de was naast het geitenhok te hangen…

MELKSCHUURTJE

Een geit melken is heel makkelijk, maar het duurt even voordat je de techniek onder de knie hebt. Reken op een week of twee voordat je relaxed een emmertje melk uit de geit weet te halen. Het beste kun je een aparte plek maken om de geit te melken. De ideale plek is schoon, zonder stof en vliegen. Je moet de grond makkelijk schoon kunnen maken. Een melkkrukje maakt het makkelijker om te melken. Nog makkelijker maak je het jezelf als je de geit op een verhoging laat klimmen, zodat jij goed bij de uiers kan. Geef de geit wat graan te eten en zorg ervoor dat je klaar bent met melken, als de geit klaar is met eten. Grote kans dat zij na het eten geen zin meer heeft om gemolken te worden.

GEITENSOORTEN

Er is een aantal soorten die het goed doen in een stadsboerderijtje. Populaire dwergsoorten zijn: Alpines, Oberhaslis, Saanens, Toggenburgs, LaManchas en Nubians. Een geit is een kuddedier, dus je zal er eigenlijk twee moeten kopen om je geitje een beetje gelukkig te houden. Katten en honden zijn geen goede maatjes voor een geit. Zorg ervoor dat je bij een fokker met een goede reputatie koopt. Let erop of de dieren er gezond uitzien, en vraag naar de familie-geschiedenis. Wat voor een temperament hadden de vader en de moeder? Hoeveel melk produceerde de moeder? De benen moeten recht staan, de tanden gezond zijn, de ogen helder en de vacht schoon. Check de hoeven voor hoefrot. Neem iemand mee die er verstand van heeft en zoek samen twee gezellige geitjes uit.

GEIT MELKEN

EEN GEIT MELK JE OP DEZELFDE MANIER ALS EEN
KOE. MAAR ER ZULLEN WEINIG MENSEN ZIJN DIE
NU ZEGGEN: AHAAA, ZOALS EEN KOE!
DAAROM: EEN WORKSHOPJE MELKEN.

STAP 2
De uiers en tepels
schoonwassen met
warm water. Nadrogen
met een handdoek en
masseren. Geef de geit
iets te eten.

STAP 1
De kont van de geit even
schoonmaken zodat er geen
viezigheid in de melk terecht
kan komen.

STAP 3
Ga op een krukje naast de geit
zitten en pak een van de twee
voorste spenen in je hand.

STAP 4

Druk zachtjes met je duim en
wijsvinger de bovenkant van
de speen dicht, zodat de melk
die in de speen zit, niet meer
terug de uier in kan lopen.

STAP 5

Terwijl je blijft drukken met duim
en wijsvinger, met je andere vingers
naar beneden drukken om de melk er
als het ware uit te knijpen.

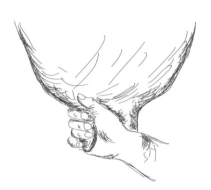

STAP 6

Speen weer loslaten en herhaal
stappen 4 tot en met 6.

GEITENKAAS MAKEN

ZELF GEITENKAAS MAKEN IS EEN EITJE!
EN ZELFGEMAAKTE KAAS IS BEST LEKKER.

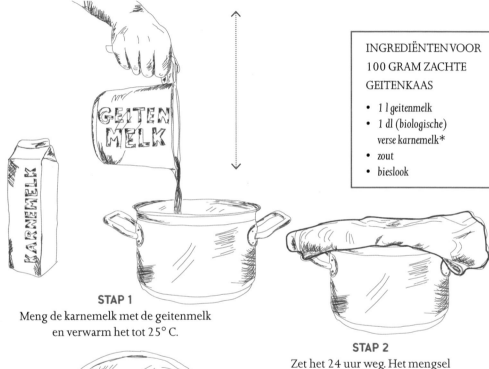

INGREDIËNTEN VOOR
100 GRAM ZACHTE
GEITENKAAS

- 1 l geitenmelk
- 1 dl (biologische)
  verse karnemelk*
- zout
- bieslook

STAP 1
Meng de karnemelk met de geitenmelk
en verwarm het tot 25° C.

STAP 2
Zet het 24 uur weg. Het mengsel
moet warm blijven, leg er
bijvoorbeeld een deken over.

STAP 3
Haal de deken na 24 uur weg. Het mengsel
ziet er, als het goed is, geschift uit; met
hardere brokken erin.

T!P

*Karnemelk is nodig om te 'stremmen', zodat het mengsel dikker wordt. Mocht het stremmen
met karnemelk niet lukken, dan kan je het proberen met echt stremsel. Voeg een druppel
stremsel aan de melk toe en volg verder het recept. Stremsel is te koop bij kaasboerderijen.

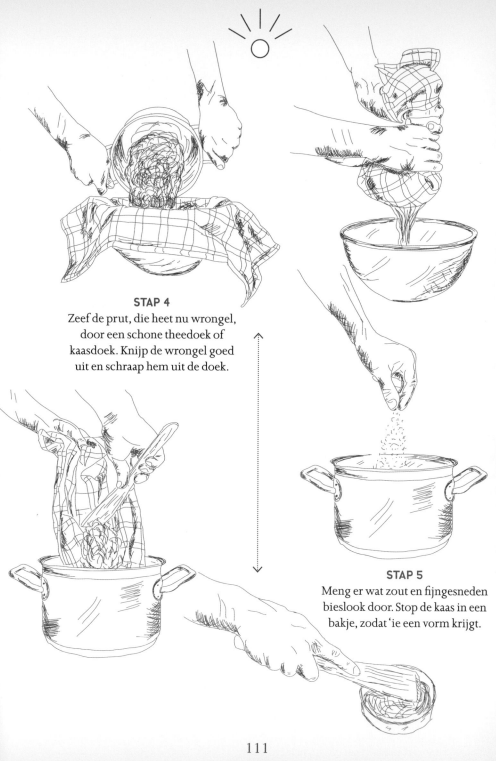

STAP 4
Zeef de prut, die heet nu wrongel,
door een schone theedoek of
kaasdoek. Knijp de wrongel goed
uit en schraap hem uit de doek.

STAP 5
Meng er wat zout en fijngesneden
bieslook door. Stop de kaas in een
bakje, zodat 'ie een vorm krijgt.

BOTER MAKEN

BOTER MAAK JE DOOR ROOM TE KARNEN; DE VERZUURDE
ROOM FLINK ROND TE DRAAIEN IN BIJVOORBEELD EEN
KARNTON. DE VETMEMBRAANTJES BREKEN DAN, WAARDOOR
DE ROOM EEN SMEUÏGE SUBSTANTIE WORDT. KARNTONNEN
VIND JE OP MARKTPLAATS VOOR EEN PRIKKIE.

STAP 1
Vul de karnton met room. Sommige
karntonnen draaien automatisch
rond, bij andere moet je zelf het
handvat flink ronddraaien.

STAP 2
Ben je klaar met karnen, dan kun je
de karnemelk (dat is namelijk het
vloeibare gedeelte) afgieten.

STAP 3
In de karnton zijn een soort
boterkorrels achtergebleven. Schep
die uit de karnton op een plank.

STAP 4

Was de korrels goed
met koud water.

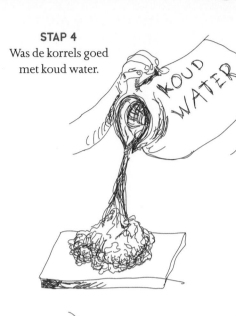

STAP 5

Kneed de handel goed door, net
zolang totdat alle karnemelk uit de
boter is verdwenen. De boter is pas
echt goed als alle karnemelk eruit is.

STAP 6

Voeg zout naar smaak toe. Wil je de
boter lang bewaren, dan moet er meer
zout in om te conserveren. Laat het
zout goed inwerken.

STAP 7

Met natte boterspanen kun je de boter in
een speciale botervorm doen. Er bestaan
allerlei botervormen, de meeste laten een
indruk achter op de boter, van bijvoorbeeld
distels, of koeien, of tarwe-aren. Af en
toe worden botervormen op Marktplaats
aangeboden. Anders maak je kans op
tweedehands markten er een te scoren. Zit
de boter in de vorm, dan is het klaar.

T!P

Je kunt ook gewoon slagroom
langer laten kloppen dan gebrui-
kelijk, dan krijg je ook boter.

113

YOGHURT MAKEN

YOGHURT MAKEN IS ECHT MAKKELIJK. HET ENIGE WAT ER BELANGRIJK AAN IS, IS DAT JE DE YOGHURT DIE JE IN HUIS HEBT, NIET HELEMAAL OPMAAKT. WANT DAARMEE MAAK JE HEEL EENVOUDIG NIEUWE YOGHURT.

STAP 1
Maak een fikse pan met
deksel goed schoon.

STAP 2
Verwarm er 1 liter
(biologische) melk in totdat
die 40 graden is.

STAP 3
Roer er voorzichtig 2 dl
(biologische) yoghurt
doorheen.

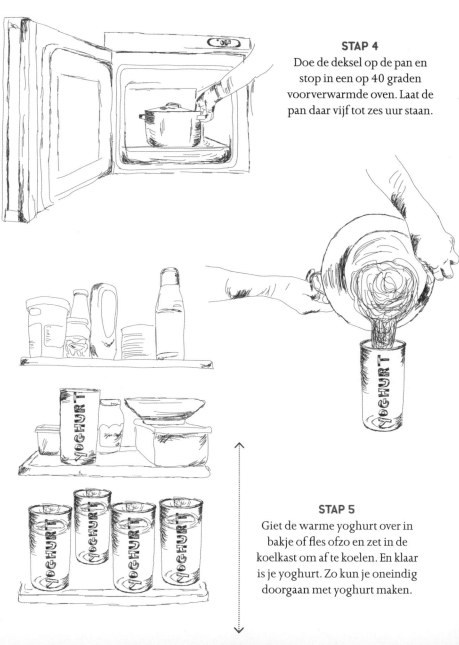

STAP 4
Doe de deksel op de pan en stop in een op 40 graden voorverwarmde oven. Laat de pan daar vijf tot zes uur staan.

STAP 5
Giet de warme yoghurt over in bakje of fles ofzo en zet in de koelkast om af te koelen. En klaar is je yoghurt. Zo kun je oneindig doorgaan met yoghurt maken.

BIJEN

Lekker verse honing uit je tuin of van het dak halen. Als bijen-houder heb je een luizenleventje, want de bijen doen al het werk. Zou je denken. Maar zo is het niet helemaal. Een imker moet best wat kunnen.

BIJEN HOUDEN

Voordat je aan een eigen bijenvolk begint, is het slim eerst in de leer te gaan bij een imker of een cursus bijenhouden te volgen. Veel plaatselijke bijenhoudersverenigingen organiseren beginnerscursussen. Ze starten tussen januari en maart. Op de site van de Nederlandse Bijenhoudersvereniging (www.bijenhouders.nl,) vind je informatie waar je bij jou in de buurt een cursus kunt volgen. Check ook even de regels van de gemeente waar je woont, want om zelf bijen te houden moet je vaak aan een aantal eisen voldoen.

BENODIGDHEDEN

Om bijen te kunnen houden, heb je een aantal spullen nodig. Het meeste kun je tweedehands vinden, en ervaren imkers kunnen je helpen.

- Een bijenkap, een linnen kap om je hoofd en nek te beschermen. Er zit gaas voor je gezicht.
- Een bijenkast. Vraag een oude bijenkast aan een imker of koop er een, op marktplaats bijvoorbeeld. In de kast moeten zes of tien ramen zitten, afhankelijk van de grootte van de kast. Deze ramen vul je met kunstraat (ook te koop in de imkerswinkel bij je imkersvereniging).
- Een kastbeitel of een schroevendraaier om de honingramen los te kunnen maken.
- Een imkerspijp met speciale bijentabak om te roken en een plantenspuit met water om de bijen in de kast te houden. Als je de kast opendoet, raken de bijen in paniek. Door de rook worden ze rustig en komen ze niet naar boven.

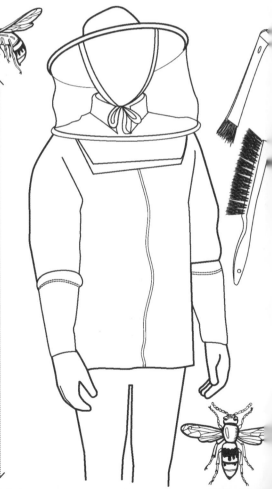

118

Maar met alleen de spullen ben je er natuurlijk nog niet. Je moet ook een eigen volk hebben. Meestal krijg je aan het einde van de basiscursus een volk mee naar huis. Er bestaan ook speciale bijenmarkten waar je volken kunt kopen en je kunt altijd ervaren imkers vragen je aan een bijenvolk te helpen.

VOEDSEL

Heb je je spullen en je eigen volk, dan kan het feest gaan beginnen. Zorg ervoor dat de bijen genoeg voedsel in de buurt kunnen vinden. Er moeten dus genoeg bloeiende planten zijn. Dat hoeft niet per se in de directe omgeving te zijn; bijen vliegen wel tot 3 kilometer ver om voedsel te vinden. Honingbijen vertellen elkaar via de honingdans - een bepaalde manier van vliegen - waar ze voedsel kunnen vinden. Bijen hebben als voedsel nectar en stuifmeel nodig. In nectar zitten suikers en in stuifmeel zitten belangrijke eiwitten, de bouwstoffen voor de larven en de koningin. Zorg ervoor dat je buren geen last

hebben van jouw bijen. Bovenop het dak is bijvoorbeeld een goede plek voor een bijenvolk. Bijen vliegen twee meter omhoog als ze gaan uitvliegen. Als ze voedsel hebben gevonden en weer terug naar de kast vliegen, kunnen ze tegen iemand aanbotsen en gaan steken. Fijn dus als de kast lekker hoog staat, zodat de bij ook hoog moet vliegen en tegen niemand aan kan botsen. Is je dak niet geschikt, dan is een flink afgeschermde hoek met een hoge haag ook prima.

KONINGIN

Het werk voor de bijen begint in het voorjaar als het buiten voor het eerst zo'n 10 graden is. Dan gaan vliegbijen op zoek naar voedsel buiten de kast. In de kast maken de werksters de raten schoon. Daarin wordt dan de nectar en stuifmeel opgeslagen en de koningin kan in de schone raten haar eitjes leggen. Een pasgeboren koningin vliegt een paar keer uit de kast om zich te laten bevruchten door de mannetjesbijen. Dit zijn de zogenoemde bruidsvluchten. De koningin laat zich meerdere malen bevruchten en kan dan jarenlang bevruchte eitjes leggen.

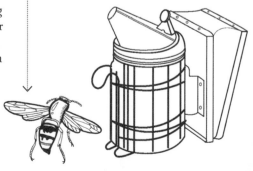

ZWERMEN

Als het voorjaar vordert en er meer planten en bloemen gaan bloeien, gaan er meer bijen op voedseltocht. De koningin legt tegen die tijd wel zo'n 2000 eitjes per dag. Als het bijna zomer is, is het volk wel tot zo'n 30 - 40.000 bijen uitgegroeid. Als het volk erg groot is geworden, vertrekt de koningin met een zwerm bijen naar een nieuw onderkomen. In het oude onderkomen is er inmiddels een nieuwe koningin die de scepter zwaait. Dat zwermen is in hartje stad wel redelijk vervelend. Het is de taak van de imker om ervoor te zorgen dat omwonenden hier geen last van hebben. Een beetje imker wil sowieso niet dat zijn volk gaat zwermen, omdat de koningin wel de helft van de bijen meeneemt op haar tocht en met een klein volkje krijg je geen honing. Vraag andere imkers om raad hoe je kunt voorkomen dat de koningin gaat zwermen.

In september werken de vrouwenbijen de mannetjes - de darren - naar buiten of maken ze dood, de zogenoemde darrenslacht. De taak van de mannen - het bevruchten van de koningin - zit erop en ze zijn waardeloos geworden voor het volk.

WINTER

Tegen de tijd dat de zomer voorbij is, slaan de bijen proviand op om de winter te kunnen overleven. Stuifmeel- en honingvoorraden worden afgedekt. Sommige imkers slingeren de honing uit de raten en voeren de bijen suikerwater om de winter door te kunnen komen. Andere imkers laten de bijen overleven met hun eigen honingvoorraad.

De imker moet aan ziektepreventie doen. Vooral de varroamijt is gevaarlijk, een parasiet die uit Azië is overgewaaid. Voor de Aziatische bij ongevaarlijk, maar voor de Europese honingbij is 'ie dodelijk. Het beste kun je aan ervaren imkers vragen hoe je de varroamijt kunt bestrijden. Vanaf september laat je de bijen met rust. Als de bijen de winter overleven, komen ze maart, april weer uit de kast.

HONING

Honing is eigenlijk het reservevoedsel van de bijen. Een imker gaat pas honing verzamelen als zijn volk groot en sterk genoeg is geworden. Bij een groot en sterk volk kan er vanaf eind mei geoogst worden. De eerste voorjaarshoning is licht en ruikt heerlijk, zomerhoning komt van de bloeiende bloemen en nazomerhoning meestal van heide.

HOE WERKT HET?

Je haalt de verzegelde honingraten uit de bijenkast en met een honingslinger (een soort centrifuge) slinger je de honing eruit. Je laat de honing een paar dagen in een emmer staan, zodat de wasrestanten boven komen drijven. Het vel dat die restanten vormen, schep je vrij makkelijk van de honing af. Na dit 'klaren' roer je de honing nog een dag of wat flink door. En na een kleine week kun je de honing uit eigen tuin opeten of oppotten. Voor een kilo honing moet een bij meer dan vier kilo nectar verzamelen. Daar moeten ze 100.000 keer voor op en neer vliegen van bloem naar kast. En onderweg ruim anderhalf miljoen bloemen bezoeken.

MAKE YOUR OWN HONING

1 Eerst maak je de ramen bijenvrij

2 Verwijder de waslaag van de raten met een warm mes

3 Om honing uit de raten te krijgen, moet je ze slingeren. De beste honing is koudgeslingerde honing. Daarvoor slinger je de honing in een schone ruimte, bij een kamertemperatuur van 20 tot 25 graden. Honingslingers worden regelmatig te koop aangeboden op Marktplaats.

4 Zeef de honing. Eerst door een grove zeef om de stukjes was. Daarna door een fijnere zeef.

5 Roer de honing een paar keer per dag door.

6 Bewaar de honing een paar dagen in grote afsluitbare emmers. Daarna kun je de restjes was heel voorzichtig afschuimen met bijvoorbeeld een schuimspaan of grote lepel.

7 Na drie tot zeven dagen is de honing klaar om in de brandschone potjes te doen.

Als je de honing uit de raten hebt geslingerd, houd je de raten van was over. Bijenwas is een afscheidingsproduct van de wasklieren van de werkbij. Als je de was smelt in een warmwaterbadje van 60 tot 65 °C kun je er van alles mee doen: hout mee in de was zetten, toevoegen aan huidcrèmes (bijenwas is heel goed voor je huid) of kaarsen van maken.

HUIS VLIJT 2.0

Op internet vind je enorm veel informatie over willekeurig welke oude techniek dan ook. Wil je je eigen stof weven? Geen probleem: op Youtube vind je het glashelder uitgelegd. Weten waar je een kaaspers kunt scoren? Zoek eens op Marktplaats. Met wifi en een computer zijn er vrij weinig technieken die je niet zou kunnen leren. Om je te inspireren hebben wij een aantal heel leuke technieken op een rijtje gezet. Maar ga vooral ook zelf op onderzoek uit. Kijk om je heen: bijna alles wat je ziet, kun je zelf maken.

In dit hoofdstuk vind je alles over:

WEEFRAAM MAKEN 128

WEVEN 129

OLIE PERSEN 130

KAARSEN MAKEN 132

VILTEN 134

HUISVLIJT 2.0

Huisvlijt klinkt nogal neerbuigend. Zelfgevlochten manden, zelfgeborduurde tafellakens en zelfbeschilderde klompen hebben iets armoedigs of sufs. Niet zo vreemd, want het is nooit ontstaan vanuit een drang om te creëren of een trend te zetten. Vroeger maakten de mensen gewoon veel spullen zelf omdat ze geen geld hadden om die spullen te kopen. Maar dat is langzaam aan het veranderen. Steeds meer mensen voelen de drang om dingen zelf te maken. Niet alleen jam en mosterd, maar juist ook spullen voor in huis. Duurzaamheid, recyclen en vintage zijn allang geen holle modewoorden meer. Jonge zelfbewuste consumenten willen tegenwicht bieden aan de huidige wegwerpcultuur. Iets weggooien doe je nu eenmaal minder snel als je eigen bloed, zweet en tranen erin zitten.

Dus zie je dat oude ambachten herleven, en nieuw elan krijgen door jonge creatievelingen die allerlei toepassingen bedenken voor oude technieken. Een kruk vlechten met stof in plaats van met riet, teenslippers maken van gerecyclede plastic flessen. Internet is hierbij heel behulpzaam. Of het nu kaas maken, mutsen breien of schilderen is, alle tips – die vroeger van meester op leerling doorgegeven werden – zijn nu makkelijk te vinden. Bijvoorbeeld waar je het beste gereedschap kunt vinden of hoe een techniek het beste uitgevoerd kan worden. Tik bij YouTube maar eens willekeurig welke oude techniek in, en je zult er iets over vinden. Het moeilijkste is eigenlijk om maar één techniek uit te zoeken. En dat hoeft natuurlijk ook helemaal niet.

WEEFRAAM MAKEN

Met weven breng je draden om en om boven en onder elkaar heen in een keurige volgorde. Weven doe je op een weefraam. Dat kun je zelf maken. Om te weven heb je ook nog een weefpen nodig, die maken we ook zelf.

BENODIGDHEDEN:
- latjes
- spijkers
- houtlijm
- hamer
- zaag
- vliegertouw

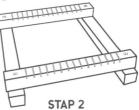

STAP 1

Voor de bovenbalk-jes zaag je 2 balkjes van 20 cm lang.

STAP 2

Zet op beide latjes 15 streepjes om de 1 cm. Let op! Ze moeten gelijk zijn op beide latjes. Zaag inkepin-gen op de streepjes, zo'n 1 cm diep.

15 2 keer boren 4 mm en verzinken 15 keer inzagen 15

STAP 3

Nu boor en verzink je de schroefgaten aan het eind van de balkjes. Zaag voor de onderbalkjes balkjes van 23 cm lang. Lijm en schroef nu de bovenbalkjes op de onderbalkjes, schroefgaten boven elkaar.

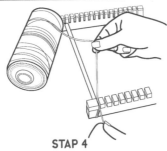

STAP 4

Kettingdraad spannen

Nu ga je de kettingdraad spannen. Dit zijn de verticale draden, ook wel de schering genoemd. Wikkel het begin van de draad (vlie-gertouw of nylondraad bijvoorbeeld) linkson-der om het weefraam zodat het begin goed blijft zitten. Nu span je de draad strak van boven naar onder, door de inkepingen. Let op, het draad moet niet te slap staan. Om de draad goed op zijn plek te houden, kun je de draad vastzetten met tape.

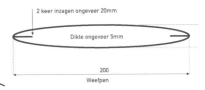

2 keer inzagen ongeveer 20mm

Dikte ongeveer 5mm

200

Weefpen

STAP 5

Maak nu je weefpen, waarover je het draad gaat rollen om straks te weven. Neem een smal, dun latje van 20 cm x 2 cm. Maak er een ovalen vorm van. Maak met een zaagje aan beide kanten een in-keping van 2 cm. Nu kun je hierop het garen of draad wikkelen.

WORKSHOP WEVEN

Schering en inslag! Je gaat het garen inslaan op de scheringdraden op je zelfgemaakte weefraam. En kijk wat daar een weefselwerk tevoorschijn komt.

BENODIGDHEDEN:
- 2 lollystokjes
- (gekleurd) garen
- weefraam
- weefpen (hiervoor kan je ook een dikke naald gebruiken)
- grove kam

STAP 1
Rol gekleurd garen op de houten weefpen

STAP 2
Maak de draad vast aan de kettingdraad die je linksonder hebt gespannen.

STAP 3
Schuif een lollystokje boven en onder aan je weefraampje door de draden, zodat je daar straks kunt afhechten. Haal nu je weefpen om en om over en onder een scheringdraad heen. De volgende rij sla je andersom in, dus je haalt 'm onder en over de draad. In een schema ziet het er zo uit:

STAP 4
Met een grove kam schuif je de gekleurde inslagdraden tussendoor steeds goed tegen elkaar aan. Wil je een nieuwe (andere kleur) draad gebruiken, maak die dan eerst vast aan de linker of rechter scheringdraad.

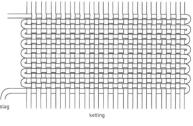

slag

ketting

STAP 5
Als de draden helemaal vol zijn, haal je de lollystokjes en de tape weg en haal je het weefsel voorzichtig van het raam af. Knip de scheringdraden door en knoop ze per twee aan elkaar vast. Werk de losse draden aan de achterkant af.

OLIE PERSEN

Heb je notenbomen in je tuin staan, dan is er iets heel leuks dat je kunt maken: olie! Je kunt het bijvoorbeeld persen van zonnebloempitten of beukennootjes. Of wat dacht je van walnotenolie? Is nog lekker ook! En supergezond. Nodig: een oliepers, gedopte (wal)noten en een heel stevige tafel.

BENODIGDHEDEN:
- latjes
- spijkers
- houtlijm
- hamer
- zaag
- vliegertouw

STAP 1
Verzamel zoveel mogelijk goede walnoten. Dop ze, het tussenschot mag wel blijven zitten. Laat de noten in de vensterbank drogen. Niet op de verwarming of bij de open haard, dan worden ze te droog.

STAP 2

Schroef de oliepers vast aan een heel stevige tafel. Er komt ontzettend veel kracht vrij bij het persen, dus als je niet uitkijkt, trekt de pers zo de hele tafel kapot. Sommige mensen maken de pers aan een tafel vast en verankeren de tafel vervolgens aan de grond. Je kunt de pers ook op een stevige balk vastmaken en de balk vastklemmen met een bankschroef. Vul de lamp van de pers met de lampenolie en steek zo'n tien minuten voor gebruik aan. De pers wordt niet warmer dan 40 graden, het is een zogenoemde koude persing; het blijft dus rauwe olie.

STAP 3

Zet een trechter op de pers (maak er bijvoorbeeld eentje door de bovenkant van een plastic fles af te knippen) en giet de noten erdoor. Pak de zwengel vast en ga draaien. Je voelt vanzelf hoeveel kracht je nodig hebt om de olie uit de noten te persen. Je kunt de instelknop verstellen, om het makkelijker te laten gaan. De noten of zaden worden door het draaien aan de zwengel naar het einde van de persbuis getransporteerd. Daar gaan ze door een soort vijzel en worden daar fijngemalen. De olie loopt er nu uit, dus zorg dat er een potje of flesje onder staat. Het restmateriaal gaat naar het verloopstuk en kun je eruit vissen. Doe dat meteen, als het afkoelt wordt het keihard en kun je het er nog maar moeilijk uit krijgen.

STAP 4

Je hoeft de olie niet te filteren. Je kunt hem gewoon een aantal uur laten staan en dan zinkt het troebele gedoetje naar de bodem. Je kunt zelfgeperste olie niet heel lang bewaren. Als de fles goed afgesloten op een koele en donkere plaats staat (vul het flesje helemaal af zodat er geen zuurstof bij kan) dan kan de olie een maand meegaan. Proef altijd even voordat je hem gaat gebruiken, om te checken of hij nog goed is.

KAARSEN MAKEN

Het is misschien wel het makkelijkste wat er is, zelf kaarsen maken. Zeker als je stompjes van oude kaarsen hergebruikt. Je kunt ook kaarsen maken van bijenwas.

BENODIGDHEDEN:
- restjes oude kaarsen (stompjes die in de kandelaar achterblijven)
- lonten (te koop bij hobbywinkel
- oude kranten
- 2 pannen
- oude kopjes
- glazen
- een Pringleskoker of een professionele kaarsenmal.

STAP 1

Spreid oude kranten uit en zet je vormen of mallen klaar. Je kunt bijvoorbeeld oude glazen of kopjes gebruiken of kleine kartonnen bakjes. Zorg dat er een bodem in de mal zit.

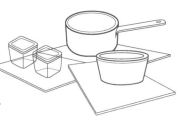

STAP 2

Doe een lont in de mal of glas. Zet 'm met plakband vast aan de bodem. Zorg ervoor dat de lont mooi overeind blijft staan. Dit doe je door het uiteinde van het lont over bijvoorbeeld een satéprikker te hangen. (De prikker rust dan op de wand van de mal).

STAP 4

Als het kaarsvet is gesmolten, giet je het langzaam in de mal. Zorg dat de lont boven het kaarsvet uit blijft steken. Laat de kaars nu stollen. Mocht er een bel lucht in de kaars komen, prik deze dan door en giet de kaars eventueel bij.

STAP 3

Verwarm de pan met water op het vuur en zet de andere pan met de stompjes kaars erin. Smelt zo het kaarsvet au bain-marie. Niet in de magnetron!

STAP 5

Knip de lont van de kaars af tot 1 centimeter.

Let op met kinderen, laat ze nooit zonder toezicht kaarsen maken. Vloeibaar kaarsvet is zo'n 80 graden Celsius, heet!

VILTEN

Een lap vilt kun je maken van schapenwol. Door te wrijven, haken de vezels van de wol in elkaar. Als ze helemaal in elkaar zitten, heb je een stevige lap vilt.

BENODIGDHEDEN:
- leeg halve liter flesje
- lap naaldvlies 30 x 40 cm (te koop bij de hobbywinkel)
- losse lontwol
- water en olijfzeep
- noppenfolie (twee keer zo groot als je lap)

STAP 1

Maak een sproeiertje van een waterflesje door met hamer en spijker gaatjes in het dopje te slaan. Vul het waterflesje met water. Rasp de olijf-zeep. Leg de noppen-folie op tafel.

STAP 2

Leg de lap naaldvlies op de noppenfolie voor je neer. Leg de losse stukjes wol dagpansgewijs neer op de lap naaldvlies. Maak een mooie verdeling in kleuren. Leg de stukjes horizontaal. Je kunt het in allerlei vormen en patronen leggen en zo je eigen stof of schilderij creëren.

STAP 3

Is je ontwerp klaar? Maak dan de zeep. Gebruik ongeveer 10 gram zeep in een drinkflesje van een halve liter. Schud even goed zodat de zeep oplost. Na ongeveer 5 minuten is het mengsel klaar voor gebruik.

STAP 4

Maak de lap nat met het flesje. Probeer het zo gelijkmatig mogelijk te doen. De lap moet goed nat zijn. Gebruik eenderde van het flesje voor een lap van 30 x 40.

STAP 5

Vouw de noppenfolie over de lap heen. Maak de bovenkant van de noppenfolie ook een klein beetje nat. Wrijf nu over de noppenfolie heen en duw het overal goed aan.

STAP 6

Vouw de noppenfolie er weer omheen en rol het hele pakketje zo strak mogelijk op. Rol er een handdoek omheen. En blijf rollen en kneden, een beetje zoals deeg kneden. Zet je gewicht erop en gebruik al je kracht. Na ongeveer tien minuutjes kneden, kun je de noppenfolie openmaken. Je lap is nu een beetje gekrompen. Trek de lap een beetje recht, draai 'm een kwartslag en rol 'm weer op. Herhaal dit een keer of tien. Je bent klaar als het een stevige lap vilt is. Een lap van 40 x 30 cm wordt dan een lap van 30 x 20 cm.

STAP 7

Is de lap bijna zo klein als 30 x 20 cm, maak er dan een propje van en gooi 'm op de noppenfolie. Doe dat zo'n 30 keer en meet dan de lap op. Is ie inderdaad gekrompen tot 30 x 20 cm? Dan ben je klaar. Zo niet, ga dan nog even door.

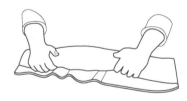

STAP 8

Je lap vilt is nu klaar. Je hoeft 'm alleen nog maar even uit te spoelen en te laten drogen.

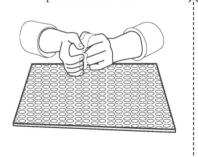

COLOFON

CONCEPT: Uitgeverij Snor
TEKST: Annemarieke Piers en Claudette Halkes

VORMGEVING: Studio Boot
ILLUSTRATIES: Studio Boot, Caroline van Pelt
ISBN: 978-94-631-40119
NUR: 467

SNOR

© Uitgeverij Snor, Utrecht, april 2016

Heb je iets te vertellen?
Mail naar info@uitgeverijsnor.nl
of stuur een briefje naar:
Uitgeverij Snor
Hooghiemstraplein 15
3514 AX Utrecht

Een aantal teksten en workshops stond eerder in De Tuin in! (2005, Mo' Media), Fred & Wilma in de Vinexwijk (Snor, 2008), Zelfingemaakt, Zelfgeoogst en Zelfgeboerd (Snor). Grote dank aan Rian Nix die ons geïnspireerd heeft met haar heerlijke receptuur en technieken voor Zelfingemaakt en Nienke Oosterbaan die het leeuwendeel van de teksten schreef voor Fred & Wilma.

HET EINDE